Claudia Peters
Still werden und staunen

Stille Zeiten in Kindergarten,
Schule, Gruppe und Familie

Claudia Peters
Still werden und staunen

Herder
Freiburg · Basel · Wien

Alle Rechte vorbehalten – Printed in Germany
© Verlag Herder Freiburg im Breisgau 1998
Gestaltung: Finken & Bumiller
Herstellung: Clausen u. Bosse, Leck
Gedruckt auf umweltfreundlichem,
chlorfrei gebleichtem Papier
ISBN 3-451-26500-1

Inhalt

Still werden und staunen – Eine Einladung 8

Einführung 9
Was ist Stille? 9
Einige ganz praktische Hinweise 14
Erfahrungen kreativ verarbeiten 22

Stille Spiele für leise Leute 26
Spiele als Hinführung zur Stille 28
Spielerische Übungen zum Abbau von Aggressionen
und Spannungen 35
Energiespiele 42
Weiterführende Literatur zum Thema »Stille-Spiele und Entspannung« 48

Wiederentdeckung der Sinne 49
Riechen 50
Schmecken 53
Sehen 54
Fühlen 60
Hören 68
Musiktips 79

Der Atem ist dein bester Freund 82
Atem ist Leben – Austausch – Wandel 82
Atemübungen 85
Weiterführende Literatur zum Thema »Atem« 87

Mandala malen 98
Was ist und was bewirkt ein Mandala? 98
Wie geht Mandala malen? 100
Weiterführende Literatur zum Thema »Mandala« 102

Mit Phantasie reisen 103
Über Phantasiereisen 103
Die Wirkung von Phantasiereisen 105
Inhalt und Aufbau 107
Gelenkte Phantasiereisen 109
Eine Einladung 118
Fragebogen zur Selbstkontrolle 119
Biblische Phantasiereisen 120
Weiterführende Literatur zum Thema »Phantasiereisen« 132

Durch Körperübungen zu Leiberfahrungen 134
Über Körperübungen und Leiberfahrungen 135
Erziehung zum ganzen Menschsein 135
Körperliche Vorgänge und Veränderungen 137
Körperübungen 138
Gleichgewichtshaltungen 156
Morgengruß 159
Weiterführende Literatur zum Thema »Körperübungen« 161

Meditative Stille 162
Stille – Verbindung mit dem Wurzelgrund unserer eigenen Existenz 162
Meditation – Ausrichtung auf das Göttliche 162
Meditative Übungen mit Kindern 163
Ziel der meditativen Stilleübungen 164
»Handfeste« Meditationsübungen 165
Gebete 173
Weiterführende Literatur zum Thema »Meditation« 190

Statt eines Schlußwortes 191

*Wenn du ein Schiff bauen willst,
dann besorge nicht zuerst Holz,
stelle auch nicht zuerst Berechnungen an
und zeichne auch keine Pläne.
Lehre deine Mitarbeiter zuerst
die Sehnsucht nach der Weite des Meeres.*

Antoine de Saint Exupéry

Still werden – und staunen
Eine Einladung

Wenn Kinder auf Stille angesprochen werden, geschieht das meist im Sinne von Ermahnungen: »Sei doch mal ruhig! Kannst du nicht auch einmal still sein!« So wird Stille mit der Zeit von Kindern mit der Vorstellung von Langeweile und Passivität verbunden. Damit gerät sie mehr und mehr zu einem negativ besetzten Begriff und die positiven Qualitäten von Stille werden vergessen.

Dieses Buch lädt dazu ein, andere (neue) Erfahrungen zu machen. Denn, wer sich auf den Weg begibt, die Stille sucht und die Entdeckungsreise beginnt, erfährt die Stille und beginnt zu staunen.

Stille ist weit mehr als die Abwesenheit von Lärm. Stille ist eine Einstellung, die das Leben verändert. In der Atemlosigkeit des Alltags, die auch vor unseren Familien, Kindergärten und Schulen nicht halt macht, weckt sie neue Aufmerksamkeit. Sie macht sensibel, achtsam und lehrt uns die beinah verlorene Kunst des langsamen und leisen Lebens neu.

Eine Einführung

Was ist Stille eigentlich?

Stille ist weit mehr als ein Zustand mit wenigen oder gar keinen akustischen Reizen. Sie ist auch mehr als das Anhalten von Bewegung oder das Unterdrücken von Unarten. Stille nämlich entsteht in jedem einzelnen selbst als ganz individuelle Erfahrung. Sie ist Ausdruck innerer Sammlung, Aufmerksamkeit und Gelassenheit und Grundvoraussetzung für jede tiefere Erfahrung und Erfassung der Wirklichkeit. Stille bildet damit ein Gegengewicht zu den heutigen Lebensbedingungen, hält gleichsam den ständig auf uns einströmenden Strom der Ereignisse und Reize für eine kurze Zeit an und bietet so eine Zeit des Innehalten, des Atemholens und der Erholung. Wesentlich geht es um das eigene innere »Er-leben«, darum, auf die persönlichen inneren Bilder und Wahrnehmungen, die eigene »innere Welt« zu achten.

Der Religionspädagoge Hubertus Halbfas stellt fest, daß wir in einer Zeit leben, die der Stille völlig entgegengesetzt ist, und spielt damit auf Streß, Lärm, Hektik und Unruhe unserer heutigen Lebenswelt an. Tatsächlich sind dramatische Störungen und Defizite bei Kindern und Jugendlichen zu beobachten, sowohl im sozialen Umgang als auch was die Lern- und Konzentrationsfähigkeit angeht. Lehrern, Erziehern und Gruppenleitern werden hier häufig gesellschafts- und familienpolitische Aufgaben zur Lösung zugeschoben, denen diese nur mit einem gehörigen Maß an Konfliktkompetenz, Geduld, Gelassenheit und vor allem eigener innerer Ruhe begegnen können. Den Betroffenen werden im immer stärkeren Maße Fähigkeiten abverlangt, die ihnen als Rüstzeug nicht selbstverständlich mitgegeben wurden.

Stille – ein existentielles Bedürfnis
Mit diesem Buch liegt eine Fülle von Spielen und Übungen vor, mit denen Erzieher, insbesondere in der Schule, aber auch in Kindergarten, Gruppenstunde und Familie, auf die gegenwärtige Situation eingehen

können. Sie wollen die Persönlichkeitsentwicklung der Kinder unterstützen und helfen, Spannungen abzubauen, Gefühle loszulassen und zur Ruhe zu kommen. Denn jeder Mensch hat ein mehr oder weniger unbewußtes Bedürfnis nach Stille, nach einem Raum der Vertiefung, in dem er zu sich selbst finden kann. Halbfas vergleicht die Erfahrung von Stille mit einem ›Sprung in den Brunnen‹ und meint damit den Sprung in eine andere Erfahrungswirklichkeit. Der Stille kommt die Funktion eines Mediums zu, eines geeigneten Mittels, um etwas mehr Lebensqualität und Selbsterkenntnis zu gewinnen. Ein wie auch immer geartetes meßbares Ziel steht bei keiner Stilleübung im Vordergrund. Der Wert besteht vielmehr im Tun und Üben an sich, denn allein der Weg ist das Ziel.

»Stille Zeiten« in Schule, Kindergarten und Freizeitgruppe
Daß es sich bei Stille-Zeiten nicht um eine Modeerscheinung handelt, die gleich mal ausprobiert und genauso schnell auch wieder fallengelassen wird, spürt der Erzieher als Übungsleiter spätestens dann, wenn es um seine Rolle in dem Spiel geht. Persönliche Erfahrungen mit Meditation, Autogenem Training, Yoga oder ähnlichem sind wünschenswert, aber keinesfalls erforderlich. Ihm sollte jedoch bewußt sein, daß er sich selbst mit den Stilleübungen auf einen Weg macht, auf dem es sich immer wieder neu zu sensibilisieren gilt, um die Botschaft der leisen Töne zu hören. Er benötigt dabei ein feines Gespür für die eigenen Grenzen, um beispielsweise extrem unruhige Kinder an kompetente Fachleute weiterzuvermitteln.

Der Mensch verinnerlicht durch Übung
Grundlage und durchgängiges Prinzip ist das regelmäßige Angebot von Erfahrungsräumen, in denen Stille als wohltuend und bereichernd erlebt werden kann. Was sich äußerlich kundtut, ist in Wirklichkeit ein innerer Prozeß. Doch wie wir bereits im Märchen lernen können, fallen uns Reife, Erfolg und Können nicht einfach in den Schoß. Sie verlangen Prüfungen, den Auszug aus Bekanntem, Geduld und bisweilen auch ein gehöriges Maß an Leidensfähigkeit. Das ist gerade für Kinder noch nicht immer einsichtig. Um so wichtiger ist es, Stille nicht als Mittel zum Zweck zu mißbrauchen, sondern ihren unglaublich wohltuenden Eigenwert

immer wieder spüren zu lassen. Die Kinder sollen merken und fühlen, daß sie nicht für die Kindergärtnerin oder den Lehrer ‚still sein müssen', sondern daß sie die Stille für sich selbst üben.

Gegenstand der Übung kann nahezu jedes einfache Objekt oder Tun, das Alltägliche und Selbstverständliche werden. Vor übertriebener äußerer Attraktivität ist zu warnen, damit die Übungen vor Konsumerwartung geschützt sind. Letztlich entscheidend ist, daß der Übungsleiter von seiner Sache und der Wirkung der Stillezeiten überzeugt ist.

Anliegen dieses Buches
Das Buch möchte allen Interessierten Mut machen, sich auf das Unternehmen Stille einzulassen. Als eine Art Fundgrube stellt es eine ganze Bandbreite an Anregungen zur Verfügung, um so möglichst viele methodische Möglichkeiten und Zugänge für ein ganzheitliches Erlernen und Erleben der Stille aufzuzeigen. Die Übungen sind fast alle ohne besonderen Aufwand durchführbar. Sie führen in einer Spiralbewegung von der Erfahrung des Alleralltäglichsten im Spiel, dem Erlebnis der eigenen Sinne sowie des eigenen Körpers zur meditativen Einswerdung des Menschen mit sich selbst durch die Begegnung mit Gott. Keine Station ist gering zu achten. Denn nur der wird zur Begegnung mit der transzendenten Dimension unseres Lebens gelangen, der auch zur liebevollen Begegnung mit sich selbst und seiner Umwelt fähig ist. Außen und innen durchdringen sich dabei und gehören untrennbar zusammen.

Die Erfahrung der Welt »erdet« und die Innerlichkeit vertieft die Welterfahrung. Letztlich wird so ein ganzheitlicher Weg begangen, auf dem wir die Welt zu Gott bringen und Gott zur Welt kommt.

Die Inhalte können je nach äußeren Umständen wie Gruppen- bzw. Klassengröße, Alter, Bedürfnissen und Fähigkeiten der Kinder verändert und dadurch erleichtert oder erschwert werden. Alle Beispiele und Vorschläge wollen darüber hinaus anregen, eigene Formen der Umsetzung zu finden. Mit der Zeit wird sich so ein ganz persönlicher Stil herauskristallisieren, der authentisch ist und mit dem sich alle gleichermaßen wohlfühlen. Dabei sind der eigenen Phantasie fast keine Grenzen gesetzt.

Die Sammlung erhebt keinen Anspruch auf Vollständigkeit. Einige Übungen sind so oder in variierter Form bereits bekannt, hier aber unter dem besonderen Aspekt der Stilleübung trotzdem neu aufgegriffen.

Das Spektrum der Ideen und Impulse umfaßt Spiele, Übungen zur Sensibilisierung und Verbesserung der Körperwahrnehmung, Phantasiereisen und anderen Visualisierungstechniken, Entspannungsübungen, Atemübungen und Meditationen. Es geht dabei nicht allein darum, dem Lernen in entspannter Atmosphäre eine neue Form zu geben, sondern auch darum, neue Erfahrungen der Begegnung mit sich selbst und anderen zu machen. Das gelingt um so besser, je mehr sich der Leiter, die Leiterin (wo immer möglich und angebracht) zurücknimmt und die verbale zugunsten der nonverbalen Kommunikation eingeschränkt wird.

Ziel ist dabei, über die Sensibilisierung der Sinne die Selbst- und Fremdwahrnehmung zu schärfen, Innerlichkeit bewußt zu erleben, das Selbstvertrauen und Selbstwertgefühl zu steigern, Phantasie und Kreativität zu fördern, sowie schließlich Strategien kennenzulernen, die weitertragen und hilfreich sind zur individuellen Lebensbewältigung und Verbesserung der Lebensqualität.

Stilleübungen werden jedoch verkürzt und mißverstanden, wenn durch sie lediglich irgendwelche Leistungen und isolierte Fertigkeiten angestrebt werden. Sie versetzen den Menschen vielmehr in ein neues Verhältnis zu den Dingen um ihn herum und führen ihn somit letztlich vor und zu sich selbst. Es geht ihnen um ein Stück innerliche Veränderung, Persönlichkeitsentwicklung und menschliche Reifung!

Dieses Verständnis von Stille als Hilfe zur Selbstfindung, als ein Unterwegssein zur eigenen Mitte, führt letztlich zur Öffnung auf Gott hin. Die Stille neu zu entdecken ist ein faszinierendes Unternehmen.

Wer dieses Unternehmen wagt, gewinnt (!): Stille *statt* Streß, die Kraft der Konzentration, eine neue Qualität des Unterrichts, eine Veränderung des Lernklimas und damit einhergehend eine Sensibilisierung, Öffnung und eine Vertiefung des Menschseins aus der Begegnung mit Gott in der eigenen Wesensmitte.

Stille

Werde still und finde heim zu dir selbst. Verzehre deine Kräfte nicht im Lärm der Welt. Es ist gut, wenn du deine Arbeit tust, deine Aufgaben und Pflichten erfüllst – und es ist wichtig, daß du das gern tust. Aber gehe nicht auf in dem, was draußen ist, sondern nimm dich immer wieder zurück. Sammle deine Gedanken, versenke dich in deine eigene Tiefe und suche nach der Mitte deines Wesens und deines Lebens. Von dieser Mitte her wirst du den Maßstab finden für das, was wirklich wichtig ist für die Erfüllung, für die Ganzheit deines Lebens.

Christa Spilling-Nöker

Einige ganz praktische Hinweise

- Machen Sie sich mit jeder Stille-Übung *zunächst selbst vertraut,* bevor Sie sie weitergeben.
- Überprüfen Sie Ihre *eigene Verfassung vor* einer Übung, denn Sie übertragen sowohl Ihre eigene Ruhe als auch Unruhe.
- Der *Raum,* in dem Sie sich auf Stille einlassen, prägt ebenso die Atmosphäre. Da es sich in der Regel um Gruppen- oder Klassenräume handelt, ist eine *bewußte äußere Veränderung* sinnvoll. Das kann geschehen durch:
  – das Einrichten einer »Stille-Ecke«
  – einen einfachen Sozialformwechsel (beispielsweise auf Sitzkissen, Teppichstück oder Decke)
  – das Versammeln um eine Mitte (in der eine Kerze oder ein anderer bewußt ausgewählter Gegenstand steht)
  – der gezielte Einsatz meditativer Musik
  Der Phantasie sind keine Grenzen gesetzt. Ausschlaggebend ist, daß das Zimmer zu einem *»Schutzraum«* (vor Störungen von außen) wird, in dem sich die Kinder geborgen und sicher fühlen.
- Stille übt sich nur in einer *Atmosphäre der Offenheit und Akzeptanz.* Deshalb ist es hilfreich, den Kindern das Gefühl zu vermitteln: »Du kannst hier nichts falsch machen!«
- Planen Sie *genügend Zeit* ein. Es versteht sich von selbst, daß Zeitdruck und Hektik jede Übung zerstören.
- Nicht das lange, sondern das *regelmäßige Üben* von Stille läßt auf Dauer eine Stille-Kultur wachsen.
  Durch sich *wiederholende gleichbleibende Rituale* erhalten Übungen einen selbstverständlicheren Charakter.
- Bei Stille-Übungen muß es nicht zwingend ganz still oder bewegungslos zugehen. Ermöglichen Sie einen rhythmischen Wechsel von Spannung und Anspannung und von Laut und Leise.
- Nehmen Sie sich je nach Bedarf im Anschluß an eine Übung *Zeit zum Austausch.* Im Mitteilen der Erfahrungen, Gefühle und Gedanken ge-

schieht Bewußtwerdung und Verarbeitung. Jede Wahrnehmung löst ein persönliches seelisches Erlebnis aus, das auch als solches respektiert werden sollte. Bedenken Sie dabei, daß jedes Kind die Übung ganz individuell wahrnimmt und erlebt. *Vermeiden* Sie daher unbedingt *Wertungen!*

- Stille läßt sich nicht erzwingen. Üben Sie *freiwillig*. Fühlt sich jemand nicht in der Lage mitzuüben, schaut dieser vielleicht einfach zu oder aber Sie bieten ihm Alternativen an. Bedenken Sie immer: Stille ist kein Disziplinierungsmittel.

*Fürchte dich nicht vor dem langsamen Vorwärtsgehen.
Fürchte dich nur vor dem Stehenbleiben!*

CHINESISCHE WEISHEIT

Stille-Tagebuch
Bei Stillearbeit mit Kindern und Jugendlichen handelt es sich um einen sehr sensiblen Prozeß. Für den, der sich längerfristig und intensiver darauf einlassen will, empfiehlt es sich daher, ein Stille-Tagebuch zu führen. Dabei handelt es sich um eine leere Kladde, in der die geplanten spielerische Hinführungen, Übungen und Meditationen festgehalten werden. Während der Stillezeiten ist es in greifbarer Nähe, um neben den geplanten Abläufen auch für zusätzliche Notizen und Bemerkungen zu den Übungen zur Verfügung zustehen. So gehen spontane Ideen und neue Inspirationen für Veränderungen und Verbesserungen sowie wertvolle persönliche Eindrücke nicht verloren. Gerade am Anfang ist eine gründliche Vorbereitung wesentlich. Nur durch die persönliche Beschäftigung mit Inhalt und Übung und eigenes Erproben, weiß der Erzieher als Führer durch die Übung, welche Schwierigkeiten sie birgt, welche Gefühle sie freilegt und welche Prozesse in Gang gebracht werden können. Dieses Wissen wirkt sich ganz entscheidend auf die Art der Anleitung aus.

Die Fragebögen
können in das Stille-Tagebuch integriert werden. Sie beinhalten Impulse zur Selbstreflexion sowie nacharbeitende Fragen an die Kinder und Jugendlichen und haben exemplarischen Charakter. Sie sind nicht nur aus Verantwortung für die Übenden, sondern auch für die eigene Entwicklung hilfreich. Durch diese intensive Vor- und Nachbereitung sowie Begleitung der Stilleübungen wird sich nach und nach bei den durchführenden Erziehern eine immer größere Sicherheit und Vertrautheit einstellen, die diese auch ausstrahlen. Anweisungen und Übungen werden sich auf diese Weise immer mehr verfeinern und weiterentwickeln und zu einem eigenen Schwerpunkt führen. Erscheint das schriftliche Festhalten vielleicht lästig und übertrieben, ist es doch zur Klarheit und Selbsterkenntnis unverzichtbar, denn es wird nur das ins Bewußtsein gehoben, was vorher benannt worden ist!

Im Laufe der Zeit können die eigenen Aufzeichnungen durchgeblättert, Beobachtungen fortgesetzt und an Schwerpunkten angeknüpft werden sowie auf Vorbereitungen aufgebaut und Aspekte vertieft werden. Beim Lesen größerer Abschnitte werden sowohl Fortschritte der übenden Gruppe auf dem Weg zur Stille sichtbar als auch Schwierigkeiten mit bestimmten Übungen. Durch die Dokumentation wird der Weg mit den anvertrauten Kindern und Jugendlichen wirklich angemessen begleitet. Daneben sollte auch genügend Raum für persönliche Gefühle und Gedanken zur Verfügung stehen. So entwickelt sich eine ganz eigene Sensibilität für Stilleübungen und eine authentische Umsetzung, mit der sich dann alle Beteiligten gleichermaßen wohlfühlen.

Fragen zur Selbstkontrolle

1 War ich ruhig und gesammelt, bevor ich vor die Gruppe/Klasse trat? Welche Eigenschaftsworte würden meine eigene Verfassung vor der Übung am treffendsten beschreiben?
2 Hatte ich die Übung gut vorbereitet? Oder wurden meine Energie und Konzentration durch (organisatorische) Mängel abgelenkt?
3 Wie habe ich meine eigene Stimme (und Anleitung) erlebt? Was werde ich beim nächsten Mal noch verbessern? (Lautstärke, Tonfall, Schnelligkeit, Pausen ...)
4 Habe ich die Entspannungsphase angemessen (Methode, Länge, Intensität, Tagesverfassung der Gruppe, ...) gestaltet?
5 Wie habe ich die Gruppe insgesamt erlebt?
6 Ist mir ein Kind besonders aufgefallen (oder auch mehrere)? Wer und wodurch?
7 Wie steht es um das Körperbewußtsein in der Gruppe?
8 Wie schätze ich die Gruppe/Klasse als Gemeinschaft ein? Muß ich das Zusammengehörigkeitsgefühl stärken? Gibt es einen Außenseiter?
9 Wer hat die Übung nicht mitvollziehen können? Vermutliche Gründe?
10 Waren die Kinder genügend diszipliniert, um wirklich etwas zu erleben? Wie habe ich auf Störungen reagiert? Waren meine Interventionen effektiv? Was mache ich beim nächsten Mal anders?
11 Wie haben die Kinder ihre während der Stilleübung aufgebauten Energien, Erfahrungen und Erlebnisse anschließend ausgedrückt?
12 Welche Farben/Identifikationsfiguren/Bilder ... herrschen bei den einzelnen Kindern vor?
13 Wie steht es um das Vertrauen und die Offenheit in der Gruppe? Sind Gefühle ein heikles Thema?

14 Hat die Übung irgendeine unserer Beziehungen oder die Grundstimmung/Atmosphäre verändert?
15 Hat sich die Zeitdauer unserer Konzentration verlängert, verkürzt, gleich gehalten?
16 Beginnen die Kinder, den Grund der Stille-Übungen zu erfahren und auch zu genießen?
17 Habe ich die Kinder ermuntert, auch zu anderen Zeiten in die Stille zu gehen
    – eine Übung selbständig zu wiederholen
    – in bestimmten Situationen anzuwenden?
18 Konnten die Kinder die Übungsform selber wählen?
    War ich zu Spontaneität in der Lage?
19 Worauf gehe ich in der nächsten Sitzung besonders ein?

Notizen:

Fragen zur Auswertung an die Übenden

- Wie hat dir die Phantasiereise /Atemübung / Meditation ... gefallen?
- Was hast du erfahren, erlebt, gesehen?
- Wie hast du dich dabei gefühlt?
- Was war dir besonders angenehm? Was war weniger schön?
- Was ist dir beim Schreiben / Malen / Töpfern durch den Kopf gegangen? Was hat dich weiter beschäftigt?
- Erinnert dich etwas an dein alltägliches Leben?
- Was kannst du aus deiner Erfahrung vielleicht lernen / mitnehmen?
- Was wünschst du dir für die nächste Übung?

Schweigende Stille

Schweigen ist Stille, aber nie Leere:
es ist Klarheit, aber nie Farblosigkeit;
es ist Rhythmus wie ein gesunder Herzschlag;
es ist das Fundament allen Denkens und damit das,
auf dem jedes Schöpferische von Wert beruht.

Aus dem Schweigen entsteht alles, was lebt und dauert;
besitzt man diese schweigende Stille in sich,
kann man dem äußeren Lärm mit Gleichmut begegnen;
denn das Schweigen verbindet uns
mit dem All, mit dem Unendlichen,
es ist die Wurzel der eigenen Existenz
und damit das Gleichgewicht des eigenen Lebens.

Yehudi Menuhin

Erfahrungen kreativ verarbeiten

Nicht immer ist eine Aufarbeitung im Anschluß an eine Stille-Übung angebracht oder nötig. Während die Kinder nach Stille-Spielen und kurzen Stille-Intervallen eher weniger das Bedürfnis haben, sich über ihre Erfahrungen auszutauschen, drängen sie nach Phantasie- und Körperreisen sowie Meditationen von sich aus dazu. Die »Produkte« aus der Verarbeitungsphase können großen Aufschluß über den Entwicklungsstand und die Atmosphäre einer Gruppe geben. Mehr oder weniger versteckt halten die Kinder ihre Gefühle und Gedanken fest. Auch unbewußte Aspekte des Innenlebens werden ausgedrückt, daher ist die bereits angesprochene Wertschätzung und Behutsamkeit im Umgang mit der preisgegebenen Intimität jedes einzelnen Teilnehmers ungeheuer wichtig!

Die folgenden Vorschläge können als Aktivität nach einer intensiveren Stille-Übung benutzt werden. Sie bieten den Kindern die Möglichkeit, sich schöpferisch auszudrücken und steigern die Integration von Körper, Geist und Seele.

Malen
– mit Wasserfarben
– mit Fingern (!) auf Papier, Fensterscheiben, Tapete, Kartons ...
– mit Filzstiften, Wachs- oder Ölkreide
– Gefühle durch Farben darstellen lassen: »Stimmungsbilder«
– mit »Links« malen: nach den neuroanatomischen Erkenntnissen über das Gehirn wird mit der linken Hand die rechte, kreativ-intuitive Seite im Menschen aktiviert (Linkshänder wechseln entsprechend nach rechts)
– Comic malen: jedes Kind (oder Kleingruppe) malt eine Szene
– Gemeinschaftsbild mit bestem Freund/Freundin oder einer Kleingruppe auf Tapete oder großem Papier
Vorschlag: im Schweigen malen (also vorher keine Absprachen oder Regeln ausmachen)

Modellieren
- mit Ton
- mit Salzteig, Knete, Fimo oder anderen Materialien

Drucken
- mit Kartoffeln, Kork o.a.
- Abdrücke herstellen durch Unterlegen von Gegenständen unter Papier und anschließendem Reiben
- Sätze oder kleine Geschichten mit Buchstaben drucken

Schreiben
- Freies Schreiben von Phantasiegeschichten mit oder ohne vorgegebenem Satz – bzw. Geschichtenanfang
- Gedicht schreiben (evtl. nach bestimmten Vorgaben)
- mit Links eine Wortsammlung anlegen (freie Assoziationen, nur Adjektive, nur Substantive ...)
- Traumtagebuch schreiben
- Gruppen- bzw. Klassengeschichtenbuch schreiben

Collagen
- aus mitgebrachten oder gesammelten Bildern
- aus ganz verschiedenen Materialien (Vorschlag: sich selbst in das Bild/die Collage einfügen)

Mandalas
- An- bzw. Ausmalen von vorgegebenen Mandalas
- Stein ins Wasser fallen lassen, anschließend malen
- Baumscheibe ansehen und malen
- legen von Mandalas mit verschiedenen Materialien, z. B. mit Steinen, Blättern, Sand, Kugeln, Farbkarten, Tüchern ... (auch gut als Gruppenarbeit möglich!)

mit Musik
- malen nach oder zur Musik
- Gefühle tanzen (tanzend darstellen)
- mit farbigen Tüchern tanzen
- summen oder tönen (laut-leise, hoch-tief)

Nach der Phantasiereise »Die Seifenblasenreise«:

Was hast du alles gesehen, erlebt, gefühlt?

Zeichne dich in deiner Seifenblase ...
oder schreibe alle Worte in die Blase,
die dir spontan zu deiner Reise einfallen ...
oder schreibe eine Geschichte über deine Reise ...

Ich wünsche dir Stille

Ich wünsche dir Stille,
denn dein Tag ist zu laut
und sein Lärm bringt dir Pein.
Es gelingt dir nicht mehr,
bei dir selber zu sein.

Ich wünsche dir Stille.
Weißt du noch, was das ist?
Laß es nicht so weit kommen,
daß du Stille schon nicht mehr vermißt!

Ich wünsche dir Stille,
um Kraft zu behalten.
Um innezuhalten, um Atem zu holen,
muß Schweigen walten.

Ich wünsche dir Stille.
Bevor dich das Treiben der Welt
taub und stumpf gemacht hat,
geh hinaus in den Wald
und verlasse die Stadt

oder schließe dich ein,
bis die Stille dein eigen,
hat der Tag dich geschunden,
hilft dir Einkehr im Schweigen.
Nur die Stille allein läßt dich wieder gesunden!

ELLI MIDLER, *aus: ferment, 1/94, S. 20*

Stille Spiele für leise Leute

*Ein Mann wurde einmal gefragt, warum er trotz seiner vielen
Beschäftigungen immer so gesammelt sein könne.
Dieser sagte: Wenn ich stehe, dann stehe ich – wenn ich gehe,
dann gehe ich – wenn ich sitze, dann sitze ich – wenn ich esse,
dann esse ich – wenn ich spreche, dann spreche ich ...
Da fielen ihm die Fragesteller ins Wort und sagten:
Das tun wir auch, aber was machst du noch darüber hinaus?
Er sagte wiederum: Wenn ich stehe, dann stehe ich – wenn ich gehe,
dann gehe ich, wenn ich sitze, dann sitze ich – wenn ich esse,
dann esse ich – wenn ich spreche, dann spreche ich ...
Wieder sagten die Leute: Das tun wir doch auch. Er sagte aber zu ihnen:
Nein, wenn ihr sitzt, dann steht ihr schon, wenn ihr steht,
dann lauft ihr schon, wenn ihr lauft, dann seid ihr schon am Ziel ...*

VERFASSER UNBEKANNT

Stille-Spiele für leise Leute
Kinder sollten möglichst früh erfahren, daß sie etwas für ihr eigenes Wohlbefinden tun können. Stille-Spiele bringen sie mit sich selbst in Kontakt. Sie erinnern daran, daß der Mensch nicht allein mit dem Kopf, sondern mit Leib und Seele lebt. Dem nachzuspüren und spielerisch zu lernen, sich zu beruhigen und zu entspannen, mit Streß umzugehen und neue Kraft zu schöpfen, darum geht es in der folgenden Zusammenstellung sanfter Spiele, die sich hervorragend als Hinführung zur Stille eignen. Auf ganz unterschiedliche Weise sprechen sie alle gemeinsam die tieferen Schichten im Kind bzw. im Jugendlichen an, und geben ihm die Gelegenheit, ganz neu Kontakt mit sich selbst und seiner Umwelt aufzunehmen. Sie berühren dabei Bereiche wie Massage, Shiatsu, Yoga, der Imagination und Meditation, der Atemschulung, des Geschicklichkeitstrainings und vieles andere mehr.

Spielerisch lernen Kinder, auf sich selbst zu hören und ihre ganze Existenz als Zusammenspiel von Körper, Geist und Seele zu begreifen, ein gutes Körperbewußtsein zu entwickeln und Selbstvertrauen zu lernen. Entgegen allen Betäubungen durch Video, Gameboys, Walkmen, Computerspiele u.ä. wollen die Stille-Spiele sensibilisieren und dazu anregen, auf die innere Stimme zu hören und ihr zu folgen. Ziel ist es, wieder »ganz Ohr zu werden« und das »Fingerspitzengefühl« und den »Durchblick« zu bekommen, den wir alle brauchen, um das Leben tiefer zu verstehen.

Solche Spiele können ein Auftakt für »Stille-Zeiten« sein. Sie bieten sich aber insbesondere auch als *Intervall* nach einer eher kognitiven Phase an, etwa nach langem Sitzen oder wenn die Kinder besonders aufgewühlt und unkonzentriert sind. Da die meisten Stille-Spiele mit einer bestimmten Aufgabe oder Tätigkeit verbunden sind, eignen sie sich gerade auch für sogenannte »schwierige« Kinder, welche die Stille sonst aufgrund irgendeines Streßfaktors häuslicher, seelischer oder geistiger Art nicht ertragen würden. Hyperaktive, aggressive, lerngestörte oder sonst in irgend einer Art »auffällige« Kinder werden die Spiele als körperliche und seelische Befreiung(sübung) erleben und zu einer größeren inneren Ruhe gelangen. Die Spiele kommen dem natürlichen Bewegungsdrang der Kinder entgegen, schulen dabei gleichzeitig die Grob- und Feinmotorik sowie die Körperbeherrschung allgemein. Oft geht es nämlich um ganz bewußt und konzentriert auszuführende Bewegungsabläufe. Die Kinder erhalten die Gelegenheit, sich individuell auszudrücken und dürfen erfahren, daß sie in ihrer Eigenart angenommen und akzeptiert sind. Spielerisch erleben sie ihr zunehmendes Körpergefühl und daß sie sich auf sich selbst verlassen können. Dadurch wird ihr Selbstvertrauen wesentlich stabilisiert. Die metaphorischen Einfühlungen in die jeweiligen Spiele bieten den Kindern einerseits Entfremdungs- und andererseits Identifikationsmöglichkeiten. Sie greifen ihre Wünsche und Träume auf und beflügeln ihre Vorstellungskraft und Phantasie. Sie lösen evtl. vorhandene Befangenheit im Umgang mit dem eigenen (oder fremden) Körper und fördern das Gruppengefühl ungemein, Kooperationsbereitschaft und Vertrauen wachsen.

Die meisten der hier vorgestellten Spiele sind spontan und leicht durchführbar. In der Regel werden keine oder nur sehr wenige Spielmaterialien benötigt. Zu welchem Zeitpunkt mit welchen Kindern welches

Spiel am geeignetsten ist, bleibt Ihrer Intuition überlassen. Es sollte sich jedoch um einen rhythmischen Wechsel von Anspannung und Entspannung, laut und leise, Bewegung und Bewegungslosigkeit handeln.

Am wichtigsten ist, daß die Kinder Freude am Spiel erleben und dessen ausgleichende, wohltuende Wirkung erfahren!

Spiele als Intervall oder Hinführung zur Stille

Stille Post
Alle Kinder sitzen im Kreis. Einer flüstert nun seinem Nachbarn ein Wort oder einen Satz ins Ohr. Der Angesprochene flüstert diese Nachricht wiederum seinem Nachbarn weiter. So geht die Botschaft im Kreis herum, bis sie wieder beim Absender ankommt. Ob die Mitspieler gute Ohren hatten, zeigt der Vergleich zwischen abgeschickter und angekommener Nachricht.
Variante: Der erste Spieler schneidet eine Grimasse, die sein Nachbar aufmerksam studieren und dann imitieren und weitergeben muß.

Telegraphenspiel
Alle Kinder stellen (setzen) sich im Kreis auf. Einer zeichnet nun mit dem Finger eine Zahl, einen Buchstaben, ein Wort oder eine Figur auf den Rücken seines Vordermannes. Dieser muß genau hinspüren, um es dann an seinen Vordermann weitergeben zu können.
Variante: Der Absender klopft den Rhythmus eines bekannten Liedes auf den Rücken seines Vordermannes.

Namen raten
Ein Kind bekommt die Augen verbunden. Ein anderer darf ihn nun solange berühren, streicheln, leicht zwacken oder kitzeln, bis dieser den Namen seines Mitspielers erraten hat.

Spiegelbild

Je zwei Kinder stellen sich gegenüber auf. Einer beginnt und führt langsame Bewegungen aus. Sein Partner ist der Spiegel und macht die Bewegungen so genau wie möglich und beinahe gleichzeitig nach. Wenn die Kinder bereits etwas Übung darin haben, können die Bewegungsabläufe erschwert werden.

Siamesische Zwillinge

Je zwei Kinder bilden ein Zwillingspaar, das sich trotz seiner engen Bindung fortbewegen soll. Der Erzieher gibt die Körperstellen an, an denen die Zwillinge aneinandergewachsen sind, etwa so: »Stellt euch vor, ihr seid an euren Knien aneinander gewachsen und geht eine Weile umher, Knie an Knie ... Nun bleibt ihr stehen und zieht eure Knie mit den Händen auseinander ... Jetzt seid ihr an den Ohren miteinander verbunden und geht weiter herum, Ohr an Ohr ... Dann zieht wieder mit den Händen eure Köpfe auseinander ... (Auf diese Weise können verschiedene Körperteile miteinander verwachsen sein: Schulter an Schulter, Rücken an Rücken, aber auch Hand an Herz, Ohr an Bauch usw.).

Klasseninsel

Zu Beginn liegen mehrere Decken oder Matten auf dem Boden. Während die Musik (oder ein Instrument) klingt, laufen die Kinder um diese »Inseln« herum und malen sich in Gedanken aus, wie schön es ist, mit anderen auf einer solchen Insel zu sein. Verstummt die Musik, versuchen die Schüler, mit einem Fuß Platz auf einer der Inseln zu bekommen. Dann wird die Musik wieder eingestaltet und eine der Inseln entfernt, bis schließlich alle Kinder gemeinsam auf einer Insel Platz finden müssen.

Balancieren

Mit Kreppband wird eine Linie (Kreis, Schlangenlinie ...) auf dem Boden markiert. Sie symbolisiert eine schmale Brücke, die über einen Teich geht. Die Aufgabe besteht nun darin, trockenen Fußes, also ohne überzutreten, über die Brücke zu gelangen. Die Übung kann erschwert werden, indem zusätzlich ein Buch auf dem Kopf balanciert wird, – vor- und rückwärts gegangen wird, – ein Löffel, auf dem ein Ei liegt, mit der Hand oder mit dem Mund gehalten wird.

Blindenführung
Immer zwei Kinder gehen zusammen. Eines hat die Augen verbunden, das andere führt seinen Partner auf unterschiedlichste Weise durch den Raum: durch Handhalten, Berühren der Fingerspitzen, durch Geräusche wie Summen oder Flüstern, mit Hilfe eines Wollfadens, welchen jedes an seinem Ende hält ... Der Phantasie sind keine Grenzen gesetzt. Nach einiger Zeit wechseln die Partner ihre Rollen. Es kann ein Parcours gelegt werden, durch den der »blinde« Partner geführt werden muß. Aber Achtung: Er ist dafür verantwortlich, daß dieser nirgendwo anstößt! Über die Erfahrungen der Kinder wird im Anschluß gesprochen.

Sehende Hände
Füllen Sie einen Leinensack mit allen möglichen Alltagsgegenständen. Binden Sie den Sack zu. Die Kinder tasten nun der Reihe nach den Krabbelsack ab und versuchen, so viele Gegenstände wie möglich zu erraten.

Böser Zauberer
Ein Kind wird durch ein gut sichtbares Kennzeichen (Mütze, Zauberstab o.ä.) zum bösen Zauberer gemacht. Durch Berühren eines Mitspielers wird dieser zum Zauberer, und er muß das Erkennungszeichen übernehmen. Aber nicht jeder kann in den bösen Bann geraten. Ein Kind, das ein anderes Kind umarmt (oder mehrere), ist in Sicherheit. Zwischendurch kann es erforderlich sein, daß der Spielleiter die Kinder durch einen vereinbarten Ruf auffordert, auseinanderzulaufen und andere Schüler zu umarmen, um wieder in Sicherheit zu sein.

Schockgefrostet
Die Kinder bewegen sich zu Musik im Raum. Geht die Musik aus, sollen sie in ihrer augenblicklichen Haltung erstarren und einige Sekunden bewegungslos ausharren, bis sie durch das Wiedereinsetzen der Musik erlöst werden.
Variante: Das Spiel kann dadurch erschwert werden, daß ganz bestimmte Fortbewegungsarten vorgeschrieben werden (wie eine Spinne, ein Floh, ein Storch, ein Möbelschlepper, eine Fee ...). Das Spiel bereitet große Freude. Selbstbeherrschung und Konzentration werden spielerisch geübt.

Marionette
Zu Beginn kann eine Marionette zur Demonstration mitgebracht und vorgeführt werden, damit die Kinder sehen, wie diese an den Fäden bewegt und gespielt wird. Dann verwandeln sich alle Kinder in Marionetten ihrer Wahl. Zunächst liegen sie zusammengekauert und an ihrem Platz. Der Leiter beschreibt dann, an welchem Faden er zieht. Die Marionetten stehen so langsam und ruckartig auf, bewegen sich einige Schritte, verbeugen sich ... und legen sich schließlich wieder schlafen.
Variante: Ein Kind liegt in der Mitte des Kreises. Ein anderer Mitspieler zieht an den imaginären Fäden. Das Marionettenkind muß genau beobachten, welche Bewegungsabläufe es ausführen soll.

Leicht wie eine Feder
Der Übungsleiter demonstriert, wie leicht eine Feder in der Luft schwebt und wie sie langsam zu Boden sinkt. Anschließend verzaubert er alle seine Kinder zu solch kleinen Federn, die zunächst vom Wind hinaufgeblasen werden, und dann wieder herabsinken und schließlich bewegungslos am Boden liegen bleiben. Nach einer Weile sucht er die schlafenden Federn auf, weckt sie durch eine leichte Berührung (entweder zum nochmaligen Schweben oder aber um erfrischt an eine neue Arbeit zu gehen).

Berührung der Feder

Die Kinder sitzen im Halbkreis. Der Leiter bittet jeweils eines, sich für alle sichtbar hinzustellen und die Augen zu schließen. Dann berührt er es an den unterschiedlichsten Körperstellen mit einer Feder. Das Kind muß die entsprechenden Stellen benennen und darauf zeigen. Erst dann darf esseine Augen wieder öffnen.

Genau umgekehrt

Die Kinder sitzen im Kreis. Der Gruppenleiter wendet sich als erster Spielleiter einem Kind zu, faßt sich an seine Stirn und sagt: »Das ist mein Bauch!« Der angesprochene Mitspieler muß genau umgekehrt reagieren und sich an den Bauch fassen und sagen: »Das ist meine Stirn!« Wer falsch reagiert wird neuer Spielleiter. Je schneller gespielt wird, desto mehr Aufmerksamkeit und Konzentration ist erforderlich.

Pantomime

Alle Mitspieler bewegen sich ungezwungen durch den Raum (mit oder ohne Musik). Jede Darstellungsaufgabe wird durch ein Zeichen (Gong, Stopp der Musik ...) angekündigt. Aufträge können sein: Wir gehen barfuß über spitze Steine, waten durch einen Fluß, gehen bergauf oder bergab, über eine spiegelglatte Straße ... und auf Zehenspitzen zurück auf den Platz.

Eskimo-Gruß

Die Kinder bilden mit ihrem guten Freund bzw. ihrer Freundin ein Paar. Sie stellen sich gegenüber auf. Einer der beiden bekommt die Augen verbunden und muß versuchen, seine eigene Nasenspitze zu der seines Partners zu führen. Der Partner mit geöffneten Augen bleibt derweil ganz still stehen, wenn nötig, darf er verbale Hilfestellung leisten. Haben sich die Nasen gefunden, reiben sie sich zum Gruß aneinander.

Butterwiege

Jeder Mitspieler sucht sich einen etwa gleich großen Partner. Dann stellen sich diese Rücken an Rücken und haken ihre Arme unter. Die Rücken nehmen nun liebevoll Kontakt miteinander auf, indem sie sich aneinander reiben, nach links und rechts rubbeln, nach oben und unten. Die Rücken bleiben in Kontakt, wenn sich einer der beiden nun nach vorne überbeugt, so daß sein Partner langgezogen auf seinem Rücken liegt. Nach einer kurzen Weile wird gewechselt. Zum Schluß verabschieden sich die beiden Rücken durch Reiben und Drücken und Kuscheln voneinander.

Spiele mit dem Luftballon

Die Kinder erhalten jeweils einen Luftballon (die marmorierten sind am stabilsten). Diesen sollen sie aufblasen und sich dabei vorstellen, alles Negative, Belastende, Sorgen usw. hineinzublasen und abzugeben. Dieser Vorgang kann mehrmals wiederholt werden. Zum Schluß lassen die Kinder die Luft aus dem Ballon entweichen und sehen zu, wie sich ihre Belastungen »in Luft auflösen«.

Die Kinder stehen dicht beisammen im Kreis. Ein (oder mehrere) aufgeblasene Ballons werden in die Mitte gegeben. Aufgabe ist es, die Ballons ohne die Hilfe der Hände, nur durch Pusten oder Blasen in der Luft zu behalten.

Schön ist es, das Spiel mit Musik durchzuführen.

Die Kinder finden sich zu Paaren zusammen. Jedes Paar erhält einen Luftballon, den es aufbläst und verknotet. Dann stellen sie sich Rücken an Rücken und nehmen den Ballon vorsichtig dazwischen. Aufgabe ist, mit dem Ballon zwischen den Rücken herumzulaufen, ihn festzuhalten ohne ihn zu zerdrücken oder zu verlieren. Später kann der Ballon zwischen Stirn, Gesäß, Hinterkopf, Schulter ... festgehalten werden.

Je zwei Kinder, die sich gut verstehen und vertrauen, finden sich zusammen. Sie erhalten einen Luftballon, der nicht prall aufgeblasen wird. Einer legt sich nun entspannt auf den Boden, während sein Partner den Ballon unter die rechte Handfläche, danach unter den Arm, den Fuß, die Kniekehle und schließlich den Kopf legt. Der liegende Schüler soll sein ganzes Körpergewicht ablegen, übergeben und dem Ballon anvertrauen.

Statue
Die Kinder stellen sich vor, daß sie gleich in eine berühmte Statue verwandelt werden. Vielleicht lassen Sie ihnen etwas Zeit, sich diese genauer vor ihrem inneren Auge vorzustellen. Dann werden sie aufgefordert, eine angenehme Sitzhaltung einzunehmen und wie versteinert dazusitzen, still und bewegungslos. Die Atmosphäre um sie herum ist angenehm und sie atmen ganz ruhig ein und aus. Dann kommen die ersten Besucher, die sich die Statue ansehen möchten. Der Leiter macht für jeden Besucher ein vorher vereinbartes Geräusch (ein paar Schritte, einen Ton oder ein Klopfzeichen). Die Kinder sollen während ihrer Versteinerung ihre Museumsbesucher zählen. Erst durch die sanfte Handauflegung des Leiters (Schulter oder Arm) wird die Verzauberung aufgelöst und das Kind kann ihm seine Besucherzahl ins Ohr flüstern.

Stehaufmännchen
Zu Beginn der Übung wird das Prinzip des Stehaufmännchens geklärt. Im Anschluß daran setzen sich die Schüler auf die vordere Stuhlkante, so daß sie Freiraum zum späteren Pendeln haben.

Stehen beide Füße fest auf dem Boden, kann es auch schon losgehen.

Die Schüler schließen, wenn möglich, ihre Augen und stellen sich vor, sie seien ein Stehaufmännchen, das jetzt kräftig angestoßen wird. Sie schaukeln und bewegen sich vor und zurück (oder von links nach rechts). Die Aufmerksamkeit wird in den Kontakt zwischen Gesäß und Stuhl gelenkt, wo die Schwankungen gut mitzuverfolgen sind. Der Schwung wird jetzt mit der Zeit immer geringer, bis das Pendel, von außen gar nicht mehr zu sehen, aber vom jeweiligen »Stehaufmännchen« noch zu spüren ist. Nach und nach findet es so in seine Mitte und in die Ruhe zurück.

Wir sind in fortgesetzter Bewegung und machen nie Halt, um in die Tiefe zu stoßen (...)
Gehetzt und gejagt verletzen wir unsere Seele durch die Hast, mit der wir uns auf der Oberfläche bewegen (...)
Deshalb verfehlen wir unsere Tiefe und unser wahres Leben.

PAUL TILLICH

Spielerische Übungen zum Abbau von Aggressionen und Spannungen

Immer wieder kommt es zu Spannungen, Ärger und Frustrationen, die sich dann in Wutausbrüchen und aggressivem Verhalten äußern. Die Ursachen dafür sind ganz unterschiedlicher Natur, oftmals sind sie uns auch gar nicht bewußt. Unterdrückte, aufgestaute Gefühle, Kränkungen und Ängste, einseitig kognitive Anforderungen und Überforderung, Konkurrenzkampf, Bewegungsmangel, äußere Situationen wie zu kleine Gruppen- oder Klassenräume, aber auch atmosphärische Einflüsse wie etwa ein Wetterumschwung u.v.m. werden irgendwann zu einem Zündstoff, der bei einem entsprechenden Auslöser explodiert. Die Kinder sollen Übungen kennenlernen, mit deren Hilfe sie ihre Gefühle einerseits ausdrücken können, sie aber gleichzeitig kanalisieren und kontrollieren lernen. Getreu dem Motto: Es ist immer besser, dem Betreffenden zu sagen, was er tun kann (und soll), als ihm zu sagen, was er nicht tun soll.

Die Ursachen von Aggressionen und Spannungen können mit den folgenden Übungen gelindert, nicht aber behoben werden, ihnen muß eigens auf den Grund gegangen werden!

Der Schrei

Die Kinder stellen oder setzen sich aufrecht hin. Sie wissen, daß sie gleich einen Schrei ausstoßen dürfen. Das besondere an diesem Schrei ist jedoch, daß er lautlos ist! Jeder kann sich in seiner Vorstellung jemanden

aussuchen, der diesen Schrei hören soll, nach einem Startzeichen holen die Schüler tief Luft und lassen dann ihren Schrei los ... Bei kleineren Kindern geht der Erwachsene herum und läßt sich ins Ohr flüstern, wem der Schrei galt und ob es ein Freudenschrei, Hilfeschrei, Wutschrei ... war.

Der Löwe
Die Kinder sitzen für die folgende Übung aus dem Yoga im Fersen- oder Schneidersitz auf dem Boden. Sie stellen sich nun vor, daß sie eine Löwenmutter seien, die ihre kleinen Löwenkinder vor Feinden beschützen soll. Auf ein vereinbartes Zeichen hin macht die Löwin nun ein möglichst gefährliches Gesicht, indem sie die Augen weit aufreißt, die Zunge herausstreckt und das ganze Gesicht anspannt. Dazu faucht sie ein gefährliches »a-a-a-«. In dieser Löwenhaltung verharren die Kinder etwa zehn Sekunden, dann sind alle Feinde verscheucht!

Phantasiereise
Der Übungsleiter führt seine vielleicht wilden Kinder ins Land der Phantasie. Dabei gestaltet er den Anfang der Geschichte sehr unruhig und wild und nimmt so die Gemütslage der Kinder auf. Behutsam werden die inhaltlichen Vorgaben dann ruhiger und entspannter. Beispielsweise kann in der Phantasie ein Streit oder Kampf durchgeführt werden, in den die Kinder ihre angestauten Aggressionen projizieren können. Sie sollten dann jedoch dazu angeregt werden, sich vorzustellen, wie der Konflikt beigelegt werden kann (Schlichtung, Versöhnung, ungewöhnliche Lösungen ...). Über die verschiedenen Lösungsmöglichkeiten können sich die Übenden nach der Phantasiereise austauschen.

Stampfen
Zunächst stampft der Leiter so kräftig er kann einen bestimmten Rhythmus vor, der von den Kindern imitiert werden soll. Hier wird alle Wut herausgestampft.

Gleich danach schließen sich weitere Rhythmen an, die nach und nach sachter und leiser werden und schließlich nicht mehr gestampft, sondern geklatscht, geklopft, geschnipst ... werden. Den Schluß bildet eine versöhnliche friedvolle Geste, zum Beispiel das Reiben der Handflächen an den Wangen oder Reiben der Hände gegeneinander mit abschließender Verbeugung.

Holzhacker-Atem
Anleitung im Kapitel über Atemübungen

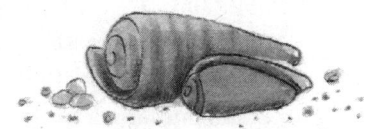

Stöhnen
Die Kinder legen beide Hände gefaltet auf den Kopf.
Dann spüren sie ihren augenblicklichen Atem und begleiten einige Male ihren Ausatem mit abgehackten Stöhnlauten (hu-hu-hu). Danach lassen sie ihren Ausatem mit einem »Stöhner« ausströmen (haaaaaa) und wiederholen das so oft, bis der Ausatem ganz lang und fein geworden ist.

Zu meinem eigenen Kern zurückgeschält werden

Die elementarste Stille heißt:
auf mich selbst zurückgeworfen sein.
Kein Gespräch mehr, das klärt.
Keine Weisheit, die weiterführt.
Kein Erlebnis, das alles deutet.
Stille heißt:
zu meinem eigenen Kern zurückgeschält werden.
Da sein, wo ich mich selbst spüre.
Stille heißt:
es aushalten, daß ich die bin, die ich bin.
Oder: Mich freuen, daß ich die bin, die ich bin.
Auf jeden Fall – um mich ist Stille.

Nichts und niemand sagt, wer ich bin.
Ich bin, die ich bin.
Alles andere bleibt still.
Die Stille spüren.
In der Stille – mich spüren,
Platz gerade noch, vielleicht, für Gott.
Gott ist auch Stille.
Er ist.
Er prägt mich nicht.
Er ist, wer er ist.
Ich bin, die ich bin.
Gott in mir. In der Stille.

VERFASSERIN UNBEKANNT

Handpresse
Die Kinder stellen sich vor, daß sie in ihren Händen Walnüsse o.ä. haben, die sie mit purer Muskelkraft öffnen (zerdrücken) sollen. Der Übungsleiter zählt zu Beginn von 0 bis 3, dann pressen alle so stark wie sie können. Zählt der Leiter von drei rückwärts, lösen sie ihre Hände wieder.
Variation: Anstatt der Hände werden die Füße bzw. Zehen so stark wie eben möglich angespannt. Auch hier kann es hilfreich sein, sich einen Gegenstand vorzustellen, der festgehalten und zusammengedrückt wird.

Angst, Leistungsdruck und Überforderung, Bewegungsmangel u.v.m. führen zu muskulären An- und Verspannungen. Die Atmung geht flacher und die Zellen werden nicht optimal versorgt. Der ganze Mensch ist in einer Streßsituation. Aber hier kann Abhilfe geschaffen werden, denn ENT-SPANNUNG ist lernbar!

Hinter der Bezeichnung »*Progressive Muskelentspannung*« verbirgt sich ein Entspannungstraining nach *E. Jakobsen,* das versucht, Entspannung erlebbar zu machen. Nacheinander und fortschreitend werden bestimmte Muskelgruppen zuerst an-gespannt und dann ent-spannt. Bei dieser gezielten An- und Entspannung bestimmter Muskelgruppen, verbunden mit tiefer Atmung, werden die einzelnen Muskeln und deren

Spannungszustand isoliert wahrgenommen. Durch das Beobachten von An- und Entspannung wird das Gefühl für eine gelöste, entspannte Grundhaltung vertieft. Den Kindern wird auf diese Weise die Entspannung der Muskelgruppen erleichtert, die sich allein durch die Vorstellungskraft nicht lösen wollen.

Zu Beginn ist es ratsam, nur eine Muskelpartie wahrzunehmen und progressiv zu entspannen. Erst wenn die Übenden damit vertraut sind, Muskeln isoliert zu spüren und zu betätigen, kann die Muskelentspannung erweitert werden.

Gesichtsgrimassen
Da sich viele Verspannungen unbewußt, insbesondere im Gesicht manifestieren, entdecken die Kinder in dieser Übung die verschiedenen Muskelpartien ihres Gesichtes.

Sie sitzen entspannt auf ihren Plätzen und schließen die Augen (bei geschlossenen Augen ist die Hemmung, Muskelpartien im Gesicht anzuziehen, geringer). Zunächst stellen sie sich ihr Gesicht vor und spüren aufmerksam hinein. Der Leiter bittet sie nun, die von ihm genannten Körperstellen/Muskeln so stark wie möglich anzuziehen und so lange zu halten, bis er zum Lösen der Muskeln auffordert (er kann dabei evtl. laut bis 3 oder 5 zählen). Folgende einzelne Gesichtsmuskeln gilt es zu erleben, anzuspannen und zu entspannen:
– zunächst die Stirn so stark wie möglich zu kräuseln
– die Augen zukneifen
– die Nase »einziehen« bzw. anspannen
– die Lippen aufeinanderpressen
– die Wangen anspannen

Zum Schluß spannen die Kinder alle zunächst einzeln angespannten Muskeln zusammen an – und halten diese starke Anspannung einige Sekunden an, bevor sie lösen und der wohltuenden ENT-SPANNUNG nachspüren.

Fortschreitende Muskelentspannung

Bevor diese vollständige »Progressive Muskelentspannung« durchgeführt wird, sollten die Kinder bereits mehrfach einzelne Ausschnitte daraus kennengelernt haben. Die Kinder liegen (oder sitzen) und achten eine Zeit auf ihren Atem. In der folgenden Übung spannen sie jeweils mit dem Einatmen die von ihm genannten Muskeln ganz intensiv an, halten eine kurze Zeit – und lösen dann mit dem nächsten Ausatemzug wieder.

Es ist evtl. hilfreich, das muskellösende Ausatmen mit einem seufzenden, entspannenden »ha« zu begleiten.

- Zehen zusammenkrallen
- ganze Beinmuskulatur anspannen
- den Po anspannen
- den Rücken, so fest es geht, gegen den Boden pressen
- die Schultern anziehen
- die Hände zu Fäusten ballen
- die ganze Armmuskulatur anspannen
- den Bauch einziehen
- die Stirn kräuseln
- die Augen zukneifen
- den Mund zusammenpressen
- das ganze Gesicht anspannen
- *alle* Muskeln anspannen

Üben Sie immer mal wieder auch nur einige Muskelgruppen!

»Körperreise« zur Tiefenentspannung

Um eine völlige Entspannung der Muskeln zu erreichen, das gesamte Nervensystem sowie Geist und Seele zu beruhigen und neue Energie aufzubauen, »reisen« die Kinder in der folgenden längeren Entspannungs- und Selbstwahrnehmungsübung in ihrer Vorstellung durch ihren Körper.

Diese Übung, für die mindestens eine halbe Stunde eingeplant werden muß, lindert Angstgefühle, hilft bei nervösen Zuständen und Schlaflosigkeit und bewirkt Tiefenentspannung.

Die Kinder lernen, den eigenen Körper bewußt durchzuspüren und die einzelnen Körperteile ins Bewußtsein zu integrieren.

Während der Körperreise liegen die Kinder auf dem Boden, die Beine sind leicht gespreizt, die Arme kraftlos neben dem Körper abgelegt. Der Gruppenleiter fungiert als »Reiseführer«, der die Gedanken und Vorstellungen der Kinder durch ihre Körper leitet. Es kann eine Hilfe für die Übenden sein, sich vorzustellen, daß sie ihren Körper von innen ansehen und quasi wie mit dem Lichtkegel einer Taschenlampe im Dunkeln ausleuchten und so ihre ganze Aufmerksamkeit auf die jeweils genannte Körperstelle fokussieren.

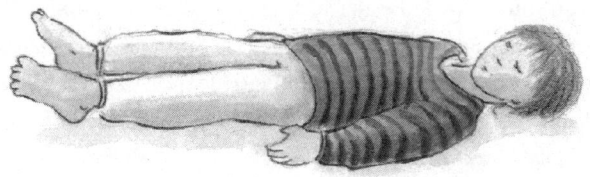

Ausformulierte Anleitung:
Du kannst dich gleich in deiner Phantasie auf eine Reise in deinen eigenen Körper machen. Leg dich dazu am besten entspannt hin ... und schließe deine Augen ... Mache es dir richtig bequem ... In deiner Vorstellung umfahre nun deinen ganzen Körper ... zeichne den Umriß deines Körpers ... und sieh ihn dir an ... Das ist die Fläche, mit der du auf dem Boden aufliegst ... Spüre deine Auflagefläche ... den Kontakt zum Boden ... und laß dich von dieser Fläche tragen ... Du liegst ganz schwer und entspannt auf der Erde ...
• Wir beginnen mit der rechten Körperseite. Spür jetzt in deine rechte Hand ... das Handgelenk ... den Unterarm ... das Ellenbogengelenk ... den Oberarm ... und in das rechte Schultergelenk ... Stell dir deinen rechten Arm noch einmal im ganzen vor, spür, wie er ganz entspannt und schwer neben dir auf dem Boden ruht ...
Dann geh mit deinen Gedanken in den Rücken ... Spür genau hinein, wo dein Rücken auf dem Boden aufliegt ... und wo er keinen Kontakt hat ... Dann reise mit deiner Vorstellungskraft weiter herunter in deine rechte Gesäßhälfte, die ganz breit und flach auf dem Boden liegt ... spür nun in dein rechtes Bein ... zunächst in den Oberschenkel ... die Auflagefläche

des Oberschenkels ... Laß den Muskel des Oberschenkels ganz entspannt und flach werden ... Dann spür dein rechtes Knie ... Miß in Gedanken den Abstand zwischen Kniekehle und Boden ab ... und geh dann in den Unterschenkel ... Spür den Kontakt der Wade zur Erde ... Wandere dann durch das Fußgelenk hindurch in den rechten Fuß ... in die Ferse ... die Fußsohle ... den großen Zeh ... und in die kleinen Zehen ... den Fußrücken ... Stell dir jetzt dein ganzes rechtes Bein vor ... spür seine ganze Auflagefläche und laß es in deiner Vorstellung schwerer werden und ein wenig tiefer in den Boden hineinsinken ... (Ablauf von • an mit der linken Körperseite wiederholen)

Nun spür beide Füße gleichzeitig ... beide Beine ... und das ganze Gesäß, wie es so schwer auf dem Boden liegt ... Spür deinen Rücken ... und den Schultergürtel ... die Arme ... und beide Hände ... Schließlich spür deinen Kopf auf dem Boden liegen ... Fühlt er sich schwer an? ... Stell dir dein Gesicht vor ... mit ganz gelösten Zügen ... Laß auch hier alle Spannungen los ... Spür dann deinen Brustkorb ... wie er sich beim Atmen leicht bewegt ... Geh dann mit deinen Gedanken zum Bauchnabel ... und spür unterhalb des Nabels deinen Bauch ... Nimm wahr, wie die Bauchdecke immer auf und ab geht beim Atmen ... immer wieder ... Du bist jetzt völlig entspannt ... und gelöst ... (An dieser Stelle kann zusätzlich ein konkretes Bild, ein Gedanke oder ein anderer Impuls gegeben werden).

Sieh deinem Atem am Bauch noch ein wenig zu ... und komm dann langsam wieder zurück in den Raum ... Dehn dich ein paarmal durch und öffne vorsichtig die Augen.

Energiespiele
Bei den Energiespielen geht es darum, sich selbst im Kontakt mit anderen spüren zu lernen. Gezielt sollen sich die Kinder beim gegenseitigen Auftanken von Lebenskraft und Energie unterstützen. Dabei wird das Prinzip von Geben und Nehmen, Schenken und Erhalten von Energie, positiv erfahren. Die Energiespiele helfen, aus vielen einzelnen Übenden eine wirkliche Gemeinschaft werden zu lassen.

Fingerspitzengefühl

Je zwei Kinder sitzen sich gegenüber. Zunächst atmen sie eine Zeit lang bei geschlossenen Augen ganz ruhig und nehmen sich und ihren Partner wahr. Dann öffnen sie ihre Augen wieder und legen die Fingerkuppen ihrer Zeigefinger auf die ihres Partners. Sie spüren ganz aufmerksam in diese Berührung hinein und stellen sich vor, daß sie durch die rechte Fingerkuppe ganz viel frische Energie aussenden und verschicken, und über die linke Fingerkuppe aufnehmen können. Auf diese Weise entsteht ein Energiekreislauf.

Variation: Die Partner berühren sich nicht nur mit den Zeigefingern, sondern an allen Fingerspitzen und verfahren sonst wie beschrieben.

Fingerspitzengefühl *ausformulierte Anleitung*

Wir »haben alle Hände voll zu tun«, »spucken in die Hände« und »legen dann Hand an«. Unsere Sprache verrät, was im geschäftigen Alltag in der Regel in Vergessenheit gerät: Unsere Hände vollbringen tagtäglich komplizierte und ausdifferenzierte Höchstleistungen. Wohl kaum ein anderes Werkzeug ist so unentbehrlich – aber auch so vernachlässigt. Schenke deinen Händen mit der nachfolgenden kleinen Übung einmal wieder Aufmerksamkeit und erprobe und spüre dein »Fingerspitzengefühl«.

Beginn damit, deine Hände aneinanderzureiben, so, als wolltest du dir die Hände waschen. Spüre dabei ganz aufmerksam in die Berührungen der Handflächen hinein ... Lege nun deine Hände zu einer Schale ineinander. Während die Finger der unteren Hand die obere mittragen, knetet der Daumen die nach oben geöffnete Hand ...
    Nun wende dich dem Handrücken in gleicher Weise zu ...
    Reibe einige Male zwischen den Fingerknochen hin und her ...
    Massiere nun mit Daumen und Zeigefinger die Hautfalten (Schwimmhäutchen) zwischen den einzelnen Fingern mit kräftigem Reiben durch ...
    Dehne jetzt deine Finger, indem du jeden Finger einzeln an der Fingerkuppe festhälst und den Finger leicht hin und her schüttelst, so als wolltest du ihn aus dem Gelenk herausziehen ...

Wechsel nun die Hände.

Zum Schluß führe mit beiden Händen große kreisende Bewegungen aus den Handgelenken heraus aus ...

Reibe dann die Handflächen so lange aneinander, bis du Wärme spürst, und halte sie dann nah vor das Gesicht bzw. über die Augen. Spüre der freigewordenen Energie nach.

Du kannst diese Übung auch den Händen eines lieben Mitmenschen schenken.

Unsere Hände sind ein Geschenk.
Mit ihnen können wir Liebe in unsere
Herzen lenken.

Energiekreis

Die Teilnehmer des Energiekreises stellen oder setzen sich so in einen Kreis, daß sie weniger als eine Armlänge von ihren jeweiligen Nachbarn entfernt sind, sich jedoch nicht berühren. Wenn sie bequem sitzen, heben sie ihre Arme ein wenig hoch, so daß die eigenen Handinnenseiten denen der Nachbarn zugewandt sind. Zwischen den Handflächen sollten ein paar Zentimeter Abstand bleiben.

Jetzt soll ruhig und tief in den Bauch geatmet werden. Die Kinder stellen sich vor, daß sie ihren Atem durch die Handflächen hindurch nach außen schicken können.

Während die Teilnehmer so ihren Atem verschicken, spüren sie nach und nach, wie sich der Kreis schließt und in ihm die Energie fließen kann.

Variation 1: Bei gleicher Haltung werden die Augen geschlossen. Die Kinder stellen sich vor, daß ein Energiestrom im Uhrzeigersinn von Hand zu Hand weitergeleitet wird und herumwandert. Die Kinder können sich diesen Strom als Wärme vorstellen und gleichzeitig gute Wünsche und Gedanken weiterleiten.

Variation 2: Die linke Hand wird in Herzhöhe bei sich selbst aufgelegt, die rechte Hand in gleicher Höhe auf den Rücken des rechten Nachbarn. Bei geschlossenen Augen erhalten die Teilnehmer einerseits Energie, andererseits verschenken sie aber auch ihre Kraft weiter.

Energiespiel: »Liften«
Ein Kind sitzt auf einem Stuhl. Vier weitere Kinder stehen um das Kind herum. Sie falten ihre Hände, so daß nur noch die Zeigefinger gestreckt bleiben. Dann legen sie ihre ausgestreckten Zeigefinger unter die Kniekehlen bzw. Achselhöhlen des sitzenden Kindes und versuchen, es hochzuheben. Sehr wahrscheinlich wird das gar nicht oder nur recht schwierig funktionieren.

Im zweiten Anlauf halten die gleichen vier Kinder zuvor ihre Hände über den Kopf des sitzenden Kindes. Die Hände sollen sich dabei jedoch nicht berühren. Alle Teilnehmer schließen nun die Augen und konzentrieren sich. Sie stellen sich in Gedanken vor, wie sie gleich ihren Mitspieler hochheben. Auch das sitzende Kind malt sich in Gedanken dieses Bild aus. Dann zählt einer rückwärts von 4 bis 1 und die Kinder versuchen wieder mit den Zeigefingern den sitzenden Mitspieler hochzuheben. Sie werden sehen, daß es diesmal durch die vorherige Konzentration der Gedankenenergie gelingen wird.

Dieses kleine Spiel ist ein gutes Demonstrationsbeispiel dafür, wie stark die Kraft der Gedanken ist. Es zeigt, wie Energien, die im allgemeinen nicht sichtbar sind, trotzdem wirken.

Hände auflegen *(ausformulierte Anleitung)*
Bildet langsam und ohne zu sprechen einen Kreis und geht hintereinander in diesem Kreis. Findet eure gemeinsame Geschwindigkeit ...
 Bleibt stehen, haltet einen Moment inne ...
 Legt nun beide Hände auf den Kopf desjenigen, der vor euch steht ...
 Wer möchte, kann jetzt die Augen schließen ...
 Nun legt die Hände auf die Schultern, ohne Druck auszuüben, nur das Gewicht der Hände liegt auf den Schultern ...

(Danach werden die Hände an die Taille und schließlich links und rechts ans Becken gelegt).
Jetzt löst ihr den Kreis auf. Geht nun noch eine Weile im Raum umher, jeder für sich.
Nimm wahr, wie du gehst ... Gibt es einen Unterschied zu vorher? ... Wie war es für dich, von den anderen berührt zu werden? ... Wie war es für dich, andere zu berühren? ... Geht jetzt zu euren Plätzen.

Energiebilder
Um Energiebilder zu legen, bilden die Kinder Kleingruppen mit je sechs oder acht Teilnehmern. Sie stehen in einem Kreis so weit auseinander, daß sie sich gerade noch an den Händen fassen können. Sie setzen sich gemeinsam hin und legen sich schließlich auf den Boden, so daß sich alle Füße in der Mitte berühren, die Arme gestreckt vom Körper abliegen und die Hände links und rechts den Nachbarn halten.
Von oben betrachtet sieht man eine Blume (oder einen Stern). Jetzt schließen die Teilnehmer die Augen und stellen sich vor, sie bekommen Energie in ihrer Mitte (an den Füßen) geschenkt. Diese Energie verströmt aus der Mitte heraus in alle Gruppenmitglieder.
(Der Leiter der Gruppe kann während der Anleitung vorschlagen, daß die Kinder sich diese Energie mit einer Farbe vorstellen, welche sich von den Füßen aus durch die Beine, den Bauch und Rücken bis in den Kopf, die Arme und Hände verteilt. Am Schluß treffen sich die Energiefarben der Teilnehmer in den Händen und mischen sich dort).
Die Übung kann auf unterschiedliche Weise beendet werden:
Die Kinder werden aufgefordert, sich an den Händen zu verabschieden, fest zu drücken und dann zu lösen.
Der Kontakt kann auch zuerst an den Füßen gelöst werden, indem die Teilnehmer einige Zentimeter nach oben rutschen und dort noch ein wenig nachspüren, dann die Augen öffnen und in einen Sitz hoch kommen
Die Übenden ziehen gleichzeitig Hände und Füße ein wenig an und spüren, wie sich die Handflächen und Fußsohlen nach der Berührung jetzt anfühlen.

Variation: Die Kinder liegen so nahe aneinander, daß sie sich nicht nur mit den Händen greifen können, sondern die Hände auf den Schultern der Nachbarn liegen. Hier entsteht ein völlig anderes Gefühl. Lassen Sie die Übenden selber vergleichen und beschreiben.

Zwergenkreis

Die Kinder verwandeln sich zu Zwergen. Dafür greifen sie hinter dem Rücken mit den Händen an die Fußgelenke und gehen auf ihren Knien spazieren. Nach einem Zwergenwettlauf sollen sich jeweils sechs oder mehr Zwerge zu einer Familie zusammenfinden, und sich in einem Kreis zusammenfinden und ausruhen.

Dabei halten sie weiterhin ihre Fußgelenke fest, die Unterschenkel liegen aber am Boden und der Körper wird über den Oberschenkeln und der Kopf mit der Stirn am Boden abgelegt. Die Köpfe berühren einander ganz leicht in der Mitte.

Popositz

Die Kinder bilden einen Kreis und halten sich an den Händen fest. Dann setzen sie sich hin, lösen die Hände und führen die Arme zwischen den Beinen und unter den leicht angehobenen Knien hindurch.

Mit leicht hochgehaltenen Knien balancieren die Kinder auf ihrem Gesäß.

Geht das gut, versuchen die Teilnehmer, die Hände ihrer Nachbarn zu fassen. Jetzt ist ein Energiekreis hergestellt.

Die Kinder können ihren Energiekreis als Balancierübung verkleinern, indem sie zunächst den Kopf senken und Hände und Füße etwas einziehen. Um ihn zu vergrößern, werden die Köpfe weit hochgehalten und Hände und Füße etwas ausgestreckt.

Weiterführende Literatur zum Thema
»Stille Spiele und Entspannung«

Bernstein, D. A. / Borcovec, Th. D.: Entspannungstraining. Handbuch der Progressiven Muskelentspannung, Pfeiffer Verlag, München 1975.

Flemming, Irene / Fritz, Jürgen: Ruhige Spiele. Entspannungs- und Konzentrationsspiele für die Grundschule, Grünewald-Verlag, Mainz 1994.

Friederich, S. / Friebel, V.: Entspannung für Kinder. Übungen zur Konzentration und gegen Ängste, Rowohlt TB, Frankfurt 1989.

Gürtler, Norbert / Kammerer, Doro: Still werden und entspannen. Übungen und Vorlesegeschichten zum Autogenen Training mit Kindern, Herder, Freiburg 1995.

Lendner-Fischer, Sylvia: Bewegte Stille. Wie Kinder ihre Lebendigkeit ausdrücken und zur Ruhe finden. Ein Praxisbuch, Kösel, München 1997.

Manteufel, Eva / Seeger, Norbert: Selbsterfahrung mit Kindern und Jugendlichen. Ein Praxisbuch, Kösel, München 1993.

Portmann, R. / Schneider, E.: Spiele zur Entspannung und Konzentration, Don Bosco, München ²1988.

Preuschoff, Gisela: Kinder zur Stille führen. Meditative Spiele, Geschichten und Übungen, Herder, Freiburg 1996.

Rücker-Vogler, Ursula: Kinder können entspannt lernen. Grundlagen und Übungen, Don Bosco, München 1993.

Teml, Hubert: Entspannt lernen. Stressabbau, Lernförderung und ganzheitliche Erziehung, Veritas Verlag, Linz 1991.

Tulku, Tarthang: Selbstheilung durch Entspannung. Scherz Verlag, Bern und München 1982.

Vopel, Klaus: Bewegung im Schneckentempo. Iskopress Verlag, Hamburg 2/1991.

ders.: Zauberhände, Iskopress Verlag, Hamburg ²1991.

Die Wiederentdeckung der Sinne

Den folgenden Übungen geht es um die Schärfung der Wahrnehmung. Es wird zunehmend wichtiger, Kindern zu helfen, ihre Sinne neu zu entdecken, sie zu entwickeln und zu verfeinern, damit sie mit (mehr) Bewußtsein hören, sehen, schmecken, fühlen und riechen! – Kurz: Wahrnehmen, was ist.

Die Vorliebe, auf eine bestimmte Art wahrzunehmen, z.B. über das Gehör, korrespondiert in der Regel mit der Art und Weise, wie wir am leichtesten lernen.

Deshalb haben die Kinder durch die hier aufgeführten spielerischen Sinnesübungen die Möglichkeit, ihren persönlichen Lernstil zu entdecken, zu erkennen, welcher Lerntyp sie sind und welche Lernkanäle sie bevorzugen. Einige Kinder reagieren in erster Linie auf Worte und Töne, also mit dem Gehör, andere müssen ein Schriftbild vor sich haben, sind also mehr visuell geprägt, wieder andere erfahrene Dinge mit ihrem Körper, sie lernen kinästhetisch, also durch Bewegung und Muskelempfindung. Die meisten Menschen benutzen mehrere dieser Lernkanäle gleichzeitig, haben aber innerhalb dieser ihre persönliche Gewichtung. Eine Erzieherin berichtet in diesem Zusammenhang davon, daß einer ihrer Drittkläßler während der Tafelarbeit nie still sitzen konnte. Durch seine Zappelei lenkte er jedoch die ganze Klasse ab, bis sie erkannte, daß sein bevorzugter Lernkanal in der Bewegung lag, und ihm einen Schwamm in die Hände gab, den er auf seiner Bank herumreiben konnte. Während er den Tisch mit kreisenden Bewegungen abwischte, bemerkte sie, daß er sehr genau auf das achtete, was sie sagte. Er mußt sich bewegen, um genauer zuhören zu können. Schon Maria Montessori und Rudolf Steiner haben hier grundlegende Veränderungen für die gesamte Erziehung geschaffen.

Für die Vermittlung von Lernstoff heißt das, daß Kindern möglichst mehrere oder sogar alle Lernkanäle angeboten werden sollten, so daß sich jeder seinen optimalen Weg wählen kann.

Spiele, Übungen und Tätigkeiten, durch welche die verschiedenen Sinne angesprochen werden (mehrkanaliges Lernangebot), nutzen beide

Hemisphären des Gehirns aus, sowohl die linke, analytisch-rationale, also auch die bildhaft intuitive rechte Gehirnhälfte. Die Sinne werden überkreuzt (Synästhesie), was zu einer effektiveren Aufnahme von Wissen führt. Diese Erkenntnis macht sich die moderne Lernforschung, Suggestopädie und Superlearning zunutze.

Insbesondere in Phantasiereisen werden beide Seiten des Gehirns mit Bildern des Sehens, Hörens, Schmeckens, Riechens und der Muskelempfindung aktiviert und genutzt. Es sind gute Übungen, durch die sich Kinder ihrer Sinne stärker bewußt werden.

Die nachfolgenden Sinnesübungen sensibilisieren zunächst isoliert einen oder wenige Sinne.

Riechen

Sich selber riechen können *(ausformulierte Anleitung)*.
Schließ deine Augen(evtl. mit einem Tuch oder Schal zubinden) und konzentriere dich eine Zeit lang nur auf deine Nase und den Geruchssinn
Versuch, deine Nase von innen zu spüren ... ihre Größe und Tiefe ...
Kannst du deinen Atem in der Nase fühlen? ...
Vielleicht bewegen sich deine Nasenflügel dabei? ...
Ist deine Nase frei ... oder hast du das Gefühl, daß du behindert wirst beim Atmen? ... Nimm alles genau wahr ... Dann riech jetzt den Geruch des Raumes, in dem du hier bist ... Wonach riecht die Luft? ... Wie würdest du sie beschreiben? ... Frisch? ... Vermodert? ... Würzig? ... Süßlich ...?
Nimm jetzt deine Hand an die Nase ... und schnuppere daran ... Riecht sie vertraut ... oder fremd ... oder vielleicht nach einem bestimmten Gegenstand, den du zuletzt in der Hand hattest? ... Riechst du einen Unterschied zwischen der Handfläche und dem Handrücken? ...
Dann geh mit deiner Nase jetzt an deine Kleidung ... Was für ein Geruch oder sogar mehrere Gerüche kannst du in deiner Kleidung entdecken? ... Vielleicht Zigarettenqualm? ... ein Parfüm? ... den Geruch von zu Hause? ... oder sonst etwas ...
Kannst du dich gut riechen? ... oder eher nicht?
Sprich über deine Erfahrungen und Gedanken mit den anderen!

Gegenstände riechen
Die Kinder sitzen mit geschlossenen oder verbunden Augen im Kreis. Sie werden ruhig und richten ihre Aufmerksamkeit zunächst wieder auf ihre Nase und den Geruchssinn (s. o.). Dann wird ein Gegenstand herumgereicht, welcher ganz intensiv und bewußt ge- und errochen und anschließend still weitergereicht werden soll.

Erst wenn alle Schüler den Gegenstand riechen konnten, wird er benannt und über seine Eigenschaften (Erkennungsmerkmale) gesprochen.

Erweiterung der Übung: Es empfiehlt sich, bei den ersten Übungsversuchen bei einem Geruch zu bleiben, denn Riechaufgaben sind für kleinere Kinder schwierig. Ihr Riechsinn ist noch nicht vollständig entwickelt. Ist der Geruchssinn sensibilisiert, können mehrere Gegenstände herumgereicht werden.
Die Teilnehmer merken sie sich bis nach der Übung. Im Gespräch werden die einzelnen Gerüche näher beschrieben.

Was hat dir am besten gefallen?
Erinnerte dich ein Geruch an jemanden oder an etwas?

Die Riechübung kann mit einer Tastübung verbunden werden. Dann erhalten die Kinder die Geruchsobjekte direkt auf die Hand, z. B.: das Blatt eines Gewürzkrautes oder einer Blume, ein Stück Seife, ein Parfümflacon, ein Stück Brot, eine Bienenwachskerze, einen Kleber, ein Stück Kreide ...

Aber: Die Beschaffenheit der Materialqualität an sich ist nicht einziges Lernziel, sondern wesentlicher seine Wirkung auf uns.
Denn wie keine anderen Sinnesleistung kann der Geruch die menschliche Empfindungslage verändern!

Geruchserinnerungen wachrufen
Über Sinneseindrücke wie etwa bestimmte Klänge, Tastgefühle, optische Reize oder auch Gerüche werden bei vielen Menschen Erinnerungen an vergangene Lebenssituationen wach.

Nicht selten kommt es vor, daß wir uns bei einem bestimmten Geruch in die Kindheit zurückversetzt fühlen.

Die Stille-Übungen können bei den Übenden auch solche »Geruchserinnerungen«, Stimmungen und Gefühle wachrufen und wollen sie dafür sensibilisieren, Gerüche in ihrer Umgebung offen und bewußter aufzunehmen. Dadurch lernen sie, viel feiner zu differenzieren und ganz unmittelbar zu spüren, welcher Geruch ihnen angenehm oder aber unangenehm erscheint. Ihnen wird der Zusammenhang zwischen Gerüchen und Gefühlen am eigenen Leib deutlich. Die heute modern gewordene Aromatherapie z. B. basiert auf diesem Zusammenhang und schreibt den unterschiedlichen Gerüchen ganz bestimmte heilende Wirkungen zu.

Düfte im Aromalämpchen
Auch in der Schule und Gruppenstunde kann ein Duftlämpchen mit einem ätherischen Aromaöl sehr positiv wirken, z. B. Zitrone, Lavendel oder Pfefferminz ...

Übung: Die Kinder riechen zunächst aufmerksam den Geruch des Raumes, in dem sie sind. Dabei sollen sie wahrnehmen, ob er ihnen angenehm ist, vertraut, usw. ...?

Ruft er bestimmte Gedanken oder Gefühle hervor ...? Hier kann bereits ein erster Austausch sinnvoll sein. Dann wird ein Duftöl in das Aromalämpchen getröpfelt. Die Schüler beschreiben (und erraten evtl.) den Duft und seine individuelle Wirkung auf sie. Nach mehrmaliger Durchführung kristallisiert sich vielleicht ein Lieblingsduft für die Klasse / Gruppe heraus!

Schmecken

Frisches Obst

Bei meditativer Musik wird ein Stück frisches Obst (Apfelsine, Birne, Apfel, Banane ...) langsam und GEFÜHL-VOLL geschält. Dabei sollen bereits die Geräusche ER-HÖRT werden. Anschließend wird das Fruchtfleisch vorsichtig zerteilt und jedem Kind ein Stück gegeben.

Aufgabe: Konsistenz und Beschaffenheit in den Händen spüren, ganz genau betrachten und einprägen, dann die Augen schließen und daran riechen, schließlich in den Mund stecken und schmecken.

Gewürze ER-SCHMECKEN

Die Kinder sitzen mit geschlossenen oder verbundenen Augen da. Zu Beginn bringen sie lediglich ihren Zeigefinger auf die Zunge und nehmen ganz bewußt dessen Geschmack wahr. Erst dann werden ihnen verschiedene (zunächst bekannte und später auch fremde) Gewürze gereicht, welche sie mit dem feuchten Finger zur Zunge bringen und schmecken sollen.
Sprechen Sie über die Einteilung in bitter, süß, sauer, scharf und salzig. Können verschiedene Nuancen geschmeckt werden?

Variante: Die Teilnehmer essen oder/und trinken in ihrer Vorstellung und rufen so Geschmackserinnerungen wach.

Überraschungsessen *(ausformulierte Anleitung)*

Unsere Augen sind häufig auch beim Essen der dominierende Sinn. Sie signalisieren uns, schon bevor wir überhaupt einen Bissen zu uns genommen haben, welchen Geschmack wir zu erwarten haben. Dadurch gehen tiefe und reiche Erfahrungen des Geschmackssinnes verloren. Deshalb: Laß dich einmal wieder überraschen und iß mit verbundenen Augen das, was dir dein Freund reicht (vielleicht sogar selbst zubereitet hat).

Sprich während der ganzen Übung nicht, sondern bleib ganz still und konzentriert bei deiner Erfahrung.

Achte darauf, wie du die Speisen schmeckst ...

Wo du sie im Mundraum spürst ...

Wie fühlt sich ihre Konsistenz an? ... (die Form einer Erbse, die straffe Haut einer Weintraube, einzelne Reiskörner, die Elastizität von gekochtem Eiweiß) ...

Erforsche alles ganz genau mit deiner Zunge, ... deinen Zähnen ... und dem Gaumen ...

Vielleicht bemerkst du, daß du die Nahrung sehr viel genauer und differenzierter wahrnimmst ...

Hast du vielleicht einen ganz neuen Geschmack einer Mahlzeit entdeckt? ...

Es gibt keine Erwartungen ... Jeder Bissen ist eine neue Überraschung!

... Laß dich auf dieses Geschmacksabenteuer ein und nimm alle Speisen fühlend wahr.

»*Essen heißt Einswerden*«

(J. E. BERENDT)

Sehen

Unsere Kultur ist eine Kultur des Sehens. Unsere Augen leiten uns in unserer gesamten Wahrnehmung.

Leider wirken jedoch tagtäglich viel zu viele visuelle Reize auf uns ein. Die Bilderflut beginnt schon bei den schnelleren Fortbewegungsmitteln und den damit verbundenen größeren Ortswechseln. Dazu kommen die Printmedien, Fernsehen, Computer, Film, Werbung, und, und, und. Wir können zwar vieles davon aufnehmen, aber nicht unbedingt verarbeiten! So fühlen wir uns gezwungen, nur das wahrzunehmen, was wir sehen möchten, wir haben einen »selektiven Blick«.

Dabei gehen gerade die kleinen, stillen und unscheinbaren Dinge in der Natur verloren. Wir stumpfen ab und flüchten immer mehr in ein beziehungsloses, herzloses und flüchtiges Sehen.

Es ist sehr wichtig, sich mit Kindern – gerade in unserem elektronischen Zeitalter – wieder um eine Kultur des Sehens zu bemühen, die schaut, betrachtet, verweilt, und das Gesehene VERINNER-LICHT! Die folgenden Übungen wollen uns wieder zu sehenden Menschen machen. Zu Beginn ist viel Geduld erforderlich, weil wir einen enorm raschen Wechsel von Bildern gewöhnt sind.

Mit der Zeit werden wir lernen, unsere Konzentrationsfähigkeit zu verbessern und das Gesehene mit unserem Innern wieder zu verbinden.

Nach einer Sehübung sollten die Augen vorsichtig geöffnet, bzw. die Augenbinde behutsam gelöst werden. Die Seheindrücke werden viel intensiver und stärker sein als vorher, die Farben intensiver, Konturen schärfer und Formen differenzierter. Diese überraschende Erfahrung zeigt, daß Übungen, bei denen eine Weile nicht gesehen werden kann, nicht nur die Hör, Fühl- oder Geschmackssinne steigern, sondern letztlich auch die visuellen Fähigkeiten. Die Übungen helfen, mit großer Wachheit und Offenheit aller Sinne die Welt wahrzunehmen, wie sie ist! Wahrscheinlich ist es eine Überraschung, welche Fülle es jetzt zu sehen gibt.

Die folgenden Seh-Übungen sind besonders dann angebracht, wenn Kinder müde sind oder wenn sie ihre Augen stark beansprucht haben. Die Augen erfahren Entspannung, Kopfschmerz wird vorgebeugt bzw. gelindert, der Augenmuskel gestärkt, und eine allgemeine Entspannung gefördert.

Riesenuhr
Die Schüler sitzen in einem bequemen, aufrechten Sitz und schauen geradeaus. Der Gruppenleiter gibt ihnen dann die Richtung an, in die sie so weit wie möglich schauen sollen, ohne dabei den Kopf zu bewegen:
    nach rechts – nach links –
    nach oben – nach unten –

Dann stellen sich die Kinder eine Riesenuhr vor, bei der die Zwölf direkt unter ihren Augenbrauen, und die Sechs unten am Boden vor ihnen ist.

Dann drehen die Kinder ihre Augen die Zahlen entlang, eine Zahl pro Sekunde, so daß sich die Augen ruckartig – wie ein Sekundenzeiger – weiterbewegen.

Diese Blickbewegung wird in die entgegengesetzte Richtung wiederholt.

Am Schluß reiben die Übenden ihre Hände aneinander und bedecken ihre Augen mit den Handflächen, um sie auszuruhen.

Kerzenlicht
Die Kinder haben ein Kerzenlicht etwa 30 cm vor sich in Augenhöhe (es kann notfalls auch der Zeigefinger in diesem Abstand sein).
Im Wechsel wird auf die Kerzenflamme (Fingerspitze) und dann möglichst weit in die Ferne geblickt.

Variante: Auf die Nasenspitze blicken und dann auf einen entfernten Punkt.

Gegenstand innerlich sehen
Die Kinder wählen sich irgendeinen Gegenstand (oder erhalten ihn vom Erzieher/Lehrer) aus ihrem täglichen Lebensumfeld. Sie stellen ihn so vor sich hin, daß sie ihn während der Übung gut sehen können.

Dann schauen sie ihn intensiv an, eine ganze Zeit lang. Sie betrachten Form, Farbe, Ausdruck und auch Einzelheiten. Der Gegenstand soll von ihnen VER-INNERLICHT werden! Dafür können sie sich vorstellen, daß der Gegenstand quasi in ihre offenen Augen einfließt. Dann schließen sie die Augen und versuchen, den Gegenstand als inneres Bild zu entwerfen und zu sehen. Sie können ihre innere Realität mit der Wirklichkeit vergleichen und die Sichtweise mehrere Male wechseln. Die Phase, in der mit geschlossenen Augen geschaut wird, sollte sich dabei mit der Zeit verlängern.

Achtung: Die Teilnehmer sollten sich nicht durch mögliche Assoziationen zum Gegenstand ablenken lassen, sondern ganz konzentriert bei ihm bleiben.

Nach der Übung können die Kinder sich entweder mündlich über ihre Erfahrungen austauschen, sie niederschreiben oder auch den verinnerlichten Gegenstand malen. Dabei sollte zum Ausdruck kommen, ob und wie sich der Gegenstand im Laufe der Übung vielleicht verändert hat, der Bezug zu ihm ein anderer wurde ...

Besteht hier eine Möglichkeit, auch von einem Menschen durch langes Verweilen und Betrachten ein »neues Bild« und einen anderen Bezug zu bekommen?

Sprechen Sie in der Gruppe darüber!

Die Erfahrung der Stille

Eines Tages besuchten einige moderne Menschen einen Mönch und fragten ihn, was er für einen Sinn in seinem Leben in der Stille sehe.

Der Mönch war gerade damit beschäftigt, Wasser aus einem tiefen Brunnen zu schöpfen. Er forderte seine Besucher auf, in den Brunnen zu schauen: »Was seht ihr dort?« Angestrengt blickten die Leute in den Brunnen. »Wir sehen nichts!« Eine Weile später forderte der Mönch sie erneut auf, in den Brunnen zu schauen. Seine Besucher schauten wieder hinein – und diesesmal erkannten sie sich selbst. »Als ich das Wasser schöpfte«, erklärte der Mönch, »war das Wasser unruhig. Jetzt ist das Wasser ruhig wie ein großer schwarzer Spiegel. Das ist die Erfahrung der Stille. Man erkennt sich selbst.«

Spieglein, Spieglein in der Hand

In der Regel kennt man sein Gesicht nur von flüchtigen Blicken in den Spiegel bei der morgendlichen Wäsche. Sich selbst, bzw. sein Gesicht einmal ganz neu zu entdecken, dazu möchte die folgende Übung einladen.

Die Kinder erhalten den Auftrag, sich in einem Spiegel (kleine Taschenspiegel genügen) ganz in Ruhe, ausgiebig und intensiv anzusehen. Leise, meditative Musik im Hintergrund kann hier entspannend und unterstützend wirken, denn einigen Teilnehmern wird es zunächst sicherlich komisch und befremdlich sein.

Die Übung sollte schweigend durchgeführt werden, so daß die ganze Aufmerksamkeit darauf verwendet werden kann, wahrzunehmen! Dabei achten die Kinder besonders darauf, welche Gefühle in ihnen aufsteigen und welche Gedanken ihnen kommen.

Tip: Um Störungen zu vermeiden, kann es angebracht sein, die Kinder nach dem Austeilen der Taschenspiegel erst einmal einzuladen, sich im Spiegel anzusehen und dabei lustige Grimassen zu schneiden. Dadurch werden Hemmungen abgebaut. Beim Ertönen eines vorher abgesprochenen Zeichens (Klangschale, Triangel o.ä.) werden die Kinder dann ruhig und gehen zum Schweigen über.

Sie schließen die Augen und hören dem ausklingenden Ton noch nach ... Danach erst öffnen sie die Augen und schauen mit weichem, sanften Blick in ihren Spiegel.

Am Schluß malen sich die Kinder so, wie sie sich gesehen haben. Dabei kommt es nicht darauf an, Kunstwerke herzustellen. Der Übung geht es viel mehr um die Schärfung der Wahrnehmung, um ein Verweilen bei »einem Bild«, um ein »entdeckendes Schauen« und nicht zuletzt auch um die Begegnung mit sich selbst.

Möglich ist auch, eine Gesichtsmassage anzuhängen, ein Schattenbild des Profils anzufertigen oder das eigene Gesicht aus Ton zu modellieren.

Was ich gesehen habe

»Ich sehe was, was du nicht siehst
und das sieht rot aus.«
Einer sieht etwas in roter Farbe.
Die anderen sehen es nicht.
Sie haben es noch nicht entdeckt.
Sie sind noch »blind« dafür.

Jemand wird ausgelacht, verspottet.
Man macht sich lustig über ihn.
Er ist tief gekränkt.
Aber keiner merkt das. Keiner »sieht« das.
Die anderen sind »blind« dafür.
Manche sehen nicht, daß jemand Angst hat.
Sie sind »blind« dafür.
Ein anderer wieder ist »blind« vor Angst.
Einen anderen wieder macht die Liebe »blind«.

Da gibt es Hunger in der Welt.
Krankheiten, Not, Tod, schreckliches Elend.
Viele wollen das nicht sehen.
Sie sind »blind« dafür.
Manche sind »blind« vor Wut.
Blindwütig streiten sie sich.
Blindwütig verrennen sie sich in eine Dummheit.
Blindwütig zetteln sie einen Krieg an.

Manche sind »blind« für Gott.
Man könnte schreien.
Wo habt ihr eure Augen?
Seht ihr es denn nicht?
Seid ihr denn blind?

Ja, es ist so:
Viele sehenden Menschen sind »blind«.
Aber viele blinde Menschen können »sehen«.
Mit dem inneren Auge.
Sie können sich etwas vorstellen.
Sie können etwas merken, etwas ...

aus: D. STEINWEDE, *»Was ich gesehen habe«,*
Vandenhoeck + Ruprecht, Göttingen 1976

Fühlen

»Unsere Hände sind ein Geschenk.
Durch sie können wir die Liebe
in unsere Herzen lenken,
um das Leiden unserer Mitmenschen
zu mildern.«

Unter dem Oberbegriff »Massage« sammeln sich eine Vielzahl von unterschiedlichen Behandlungs- und Heilungswegen, von Akupressur über Reflexzonenbehandlung, Shiatsu, Polarity, Bindegewebsmassage, Lymphdrainage ...

Alle gemeinsam beschäftigen sich mit den Strömen der Lebenskraft, die wir, solange diese Energie frei fließt, als Ruhe, Friede, Gesundheit erfahren. Durch physischen oder emotionalen Streß kann dieser Energiestrom geschwächt oder teilweise blockiert sein.

Lebenskraft ist keine moderne Entdeckung. In den verschiedenen Jahrhunderten hat man dieser feinstofflichen Form elektromagnetischer Energie unterschiedliche Namen gegeben (Licht, Prana, Ki, Chi, Numia, Bioenergie ...).

Um diese Energie bei einem anderen Menschen wieder in Fluß zu bringen und auszubalancieren, brauchen wir lediglich unsere Hände. Sie ist einfach zu erleben:

Übung: Reibe deine Hände kräftig eine Minute lang und halte sie dann einige Zentimeter weit auseinander. Bewege sie aufeinander zu und voneinander fort (in einem Abstand von 3 bis 15 cm) und stelle fest, wo du deine Energie am besten spürst als Kribbeln, Vibrieren, Wärme- oder Kälteempfindung oder als Magnetfeld.

Diese Form der Körperarbeit bietet sich gerade für den (oft einseitig verkopften und bewegungsarmen) Schulalltag an, weil sie wie keine andere hilft, haltungsbedingte Verkrampfungen und Blockaden sowie seelisch bedingte Verspannungen zu lösen. Und wohl jeder kennt das Bedürfnis, liebevoll berührt zu werden und Zuwendung zu bekommen, oft sind jedoch Hemmungen und die Angst, falsch verstanden oder abgewiesen zu werden größer. Wenngleich diese Scheu ernst genommen und berücksichtigt werden muß, sollen doch die vielen positiven zwischenmenschlichen Ausdrucksmöglichkeiten (eine zärtliche Geste, ein Streicheln u.v.m.) einander Gutes zu tun, nicht verloren gehen. Bei den folgenden Übungen wird deshalb das Wort »Massage« nicht explizit fallen. Viele andere Tätigkeiten wie klopfen, harken, schminken usw. können verwendet werden.

All diese Übungen sensibilisieren die Kinder sehr stark, sowohl in Bezug auf das passive Berührtwerden von jemandem, als auch das eigenen aktive Berühren.

Der Umgang untereinander kann sich auf diese Weise im Laufe der Zeit positiv verändern.

Zu Beginn, wenn das Berühren und Berührtwerden vielleicht noch ungewohnt und fremd ist, empfiehlt es sich, mit Gegenständen zu arbeiten (Tennisball, Kamm, Pinsel, u.v.m.).

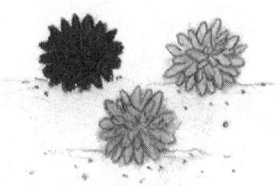

»Du mußt nicht daran glauben,
daß diese Methode funktioniert,
um sie tief erfahren zu können.
Du mußt nicht an den Ozean glauben,
um naß zu werden:
aber hineinspringen mußt du.«

Vorübung zum Ablegen und Loslassen
Für diese Wahrnehmungsübung wird je Zweiergruppe ein ganz schwach aufgeblasener Luftballon benötigt.

Ein Kind legt sich mit dem Rücken auf den Boden. Sein Partner legt nun den Ballon von den Füßen angefangen unter einzelne Körperteile (Füße, Kniekehlen, Hände, Arme, Hohlkreuz, Nacken und zum Schluß unter den Hinterkopf). Das ganze Körpergewicht soll dann an den Luftballon übergeben werden.

Wo ging es leichter?
Wo war es am schwierigsten?
Immer einen Ballon als Ersatz bereit halten.

Sich tragen lassen
Wiederum finden sich je zwei Kinder zusammen. Eines liegt mit dem Rücken auf dem Boden. Es kann seine Augen schließen, um bewußter spüren zu können, wie es in dieser Übung gehalten und getragen wird.

Das andere sitzt möglichst bequem vor den Füßen seines Partners. Dann nimmt es dessen Füße vorsichtig wenige Zentimeter vom Boden hoch und hält die Fersen in seinen Händen (mehrere Minuten lang).

Kann der Liegende sich tragen und ganz loslassen?
Später können sich die Partner dann
über ihre Gefühle austauschen.

Variation: Statt der Füße wird der Hinterkopf behutsam ein ganz klein wenig vom Boden hochgehoben

(der liegende Teilnehmer sollte auf keinen Fall mithelfen!), so daß der Hinterkopf in den Handflächen des Partners ruht.

Nachrichtenkreis
Ähnlich wie im Telegraphenspiel sollen Nachrichten ohne Worte übermittelt werden. Die Kinder sitzen dafür in Kleingruppen (max. 8) in einem Kreis so dicht beieinander, daß sie jeweils den Rücken des Vordermannes ansehen und ihren Rücken dem Hintermann anbieten. Nun werden Nachrichten ganz unterschiedlichen Inhalts und auf verschiedene Weise übermittelt:

- der Erste schreibt ein Wort auf den Rücken des Vordermannes, dieser fühlt, erspürt es, und schreibt es dann wiederum auf den Rücken seines Vordermannes usw.
- ein Zeichen oder Symbol (Herz, Fragezeichen, Yin und Yang ...) schreiben bzw. malen
- den Rhythmus eines Liedes auf den Rücken klopfen

Variante: Alle Teilnehmer schreiben bzw. malen gleichzeitig auf den Rücken des Vordermannes. Sie führen dabei die Bewegungen aus, die zu den Inhalten einer erzählten Geschichte passen.

Hier ein Beispiel:
Es war einmal ein kleiner Bauer. Der fuhr mit seinem Trecker über sein Feld ... Da die Erde noch sehr fest war, spannte er seinen Pflug ein und pflügte den ganzen Acker ...
  Jetzt ist die Erde wieder schön gelockert ... so daß das Bäuerlein nun die vielen kleinen Pflänzchen in die Erde setzen kann ... Anschließend klopft er die Erde rund um die Pflänzchen noch ein wenig an ...
  Gerade möchte der Bauer das Feld mit Wasser besprengen, da fängt es an zu regnen ... und viele viele Regentropfen kommen auf die Erde ...
  Als der Regen nachläßt, bläst ein Wind über das Feld ...
  Durch den Regen ist auch Unkraut gewachsen, welches den Pflanzen die Nährstoffe wegnimmt ... also beschließt der Bauer, das Unkraut zu entfernen. Um seine Pflanzen dabei aber nicht zu beschädigen, zupft er

das Unkraut mit der Hand aus ... Dafür krabbelt er auf allen Vieren über sein Feld ... und zieht Unkraut für Unkraut aus dem Boden heraus ... Bei soviel liebevoller Zuwendung wachsen die Pflanzen prächtig ... Die Sonne schenkt ihnen die nötige Wärme und Licht ... Bald schon ...

Mitspieler ER-TASTEN
Einem Kind werden die Augen verbunden. Seine Aufgabe ist es, ausschließlich mit den Händen tastend und fühlend herauszubekommen, welchen Mitspieler es vor sich hat. Hat es den richtigen Namen gesagt, wird es abgelöst (evtl. können die Kriterien, welche zum Erkennen geführt haben, genannt werden).

Krabbelsack
Füllen Sie einen Leinensack mit allen möglichen Alltagsgegenständen. Binden Sie den Sack zu. Die Kinder tasten nun der Reihe nach den Krabbelsack ab und versuchen, so viele Gegenstände wie möglich zu erraten.

Teig ausrollen
Für diese Übung werden Teigrollen, Nudelhölzer, Holzstäbe oder leere Glasflaschen benötigt. Ein Kind liegt mit dem Bauch auf dem Boden (oder: Er sitzt falsch herum auf seinem Stuhl und stützt sich mit den Armen auf der Rückenlehne ab), so daß der Partner bequem an seinen Rücken kommt.

Nun rollt sein Mitspieler mit dem Nudelholz über seine Körperrückseite. Er beginnt am oberen Rücken (und endet bei liegenden Kind an den Fußsohlen).

Während dieser Behandlung können die beiden Partner miteinander sprechen und sich über die Gefühle austauschen, die das »Teigrollen« auslöst.

Wo ist es besonders angenehm?
Wo sollte der Druck verstärkt oder bzw. verringert werden?
Besteht an einer Stelle das Bedürfnis, länger zu verweilen?

Erweiterung: Nach Beenden des Ausrollens könnte der Teig belegt werden, z.B. indem imaginäre Sonnenblumenkerne überall in den Teig hineingedrückt werden oder der Boden mit einer Puddingmasse bestrichen wird, usw.

Tennisball

Mit einem Tennisball kann ähnlich verfahren werden wie in der ersten Übung. Zusätzlich können kleine Aufgaben gestellt werden, die die Aufmerksamkeit und das bewußte Wahrnehmen schärfen: Mit dem Tennisball werden Buchstaben, Zahlen, Worte, bestimmte Muster ... auf den Rücken geschrieben bzw. gemalt. Diese sollen erlesen, besser: »erfühlt« werden.

Tip: Diese Annäherung an das Massieren mit den Händen über die Verwendung von Gegenständen läßt sich beinahe endlos erweitern.
(Vielleicht lassen sich Materialien des gegenwärtigen Unterrichtes hier verwenden).

Tausendfüßler

Für die folgende Rückenmassage setzen sich je zwei Kinder zusammen. Das eine Kind legt sich bequem auf den Bauch, während das andere sich an dessen Seite kniet.

Mit der Vorstellung, daß die zehn Finger die Beine eines Tausendfüßlers sind, und der Rücken des liegenden Kindes ein Garten ist, durch den der Tausendfüßer läuft, laufen die Finger nun über den Rücken, den Po und die Beine.

Die Aufgabe besteht auch darin, zu spüren, wo die Berührung durch den Tausendfüßler besonders angenehm war.

Nach kurzer Zeit wechseln die Partner die Rolle.

Bauchmassage
Die Kinder bilden mit ihrem besten Freund ein Paar. Eines von beiden legt sich zuerst mit dem Rücken auf den Boden und das andere kniet daneben. Stellt euch nun vor, der liegende Freund hat starke Bauchschmerzen und der Partner soll ihm helfen. Dazu legt dieser ihm seine rechte Hand auf den Bauch in Höhe des Bauchnabels. Die linke Hand ruht auf dem Oberarm. Nachdem die Hände so einige Zeit ganz ruhig aufgelegt waren, beginnt die flache Hand auf dem Bauch behutsame Kreise zu malen. Der Helfer sendet gleichzeitig heilende, gute Gedanken zu seinem Patienten. Am Schluß ruht die Hand noch einmal, bevor sie zurückgenommen wird und die Partner die Rolle tauschen.

Schminke
Je zwei Kinder sitzen sich gegenüber.
Diese sollen sich gleich gegenseitig schminken, allerdings nicht mit richtiger Schminke, sondern in ihrer Phantasie. Ein Kind schließt nun die Augen und der Partner beginnt, liebevoll das ganze Gesicht weiß zu schminken. Der Übungsleiter gibt die Reihenfolge an (erst Stirn, dann Schläfen, Nase ...), sodaß das Kind, dessen Gesicht bemalt wird, jeweils weiß, was es zu erwarten hat, und sich vorstellen kann, wie sich sein Gesicht verändert. Ob es sich um eine Clownmaske, ein Indianergesicht u.ä. handelt, wird vorher besprochen. In jedem Fall soll das Schminken Wohlbehagen auslösen. Ist die Maske fertig, öffnet das Kind seine Augen und berichtet kurz von seinen Erfahrungen. Anschließend werden die Rollen getauscht.

Haarpflege
Während jeweils ein Kind auf seinem Stuhl sitzt, steht sein »Friseur« hinter ihm, um ihm seine Haare zu machen. Zunächst wird ein imaginäres Shampoo liebevoll auf dem Kopf verteilt und leicht einmassiert. Dann untersucht der Frisör das Haar, indem er kleine Haarbüschel greift und leicht an ihnen zieht. Die Kopfhaut des »Kunden« soll dabei angenehm angeregt werden. Nun wird das gut riechende Pflegegel aufgetragen und durch

leichtes Streichen verteilt. Das überschüssige Gel wird mit lauwarmem Wasser ausgewaschen. Anschließend werden die Haare durchgekämmt, indem die gespreizten Finger über die Kopfhaut reiben. Zum Schluß schüttelt der Kunde seine Haare kräftig aus und bedankt sich beim Friseur.

Fußmassage
Obwohl die Füße sehr stark beanspruchte Gliedmaßen sind, bringen wir ihnen in der Regel wenig Aufmerksamkeit entgegen. Sie sind weit weg – da unten –, eingezwängt in Schuhe. Selten berühren wir sie, höchstens mal ganz rasch nach dem Waschen beim Abtrocknen.

Übung: Die Kinder sitzen am Boden und ziehen zunächst einen Schuh und Strumpf aus. Dann betrachten und betasten sie ihren Fuß ganz genau:
– Fußrücken: die gewölbte Form, die feinen Knochen, die von den Zehen aus zum Fußgelenk gehen ...
– Zehen: unterschiedliche Form, Länge, Anzahl der Glieder, Größe der Nägel ...
– Fußsohle: Wölbung zwischen Ballen und Ferse, hohe Empfindsamkeit ...
– Ferse: dickere, festere Haut, Form ...
– Fußgelenk: seitlicher Fußknöchel, Durchmesser, Beweglichkeit ...

Der Fuß wird liebevoll gestreichelt. Der Fuß wird an den Zehen kräftig nach vorne gestreckt und in die entgegengesetzte Richtung nach oben gedehnt. Wohltuend ist es, den Fuß zwischen beide Hände zu nehmen und ihn zu rubbeln. Anschließend kann der Fuß mit einer Fußcreme eingerieben und verwöhnt werden. Ist der erste Fuß neu entdeckt und verwöhnt worden, kommt der andere in gleicher Weise zu seinem Recht. Am Schluß können beide Füße in den Fußgelenken gedreht und ausgeschüttelt werden.

Tip: Es kann hilfreich sein, Jungen und Mädchen zu Beginn jeweils für sich Üben zu lassen, also z.B. zwei Nachrichtenkreise zu bilden.

So werden unnötige Hemmungen, Verlegenheiten und somit Störungen von vornherein vermieden.

Hören

*»Stille ist das Abperlen aller Geräusche
außer dem Pochen des eigenen Herzens.«*

(E. BURKART)

Stillezeit
Die Gruppen- oder Unterrichtsstunde kann gut mit einer Stillezeit beginnen oder enden. Dafür werden die Kinder ermuntert, ein oder zwei Minuten ganz still zu werden und diese Stille als wertvolle Erholungsphase zu genießen.

Eine Minute still stehen
Die Kinder werden gebeten, sich hinzustellen und die Augen zu schließen. Jedes soll solange stehen bleiben, bis seiner Meinung nach eine Minute vorüber ist. Mit der Zeit verfeinert sich das Zeitgefühl.

Der Klangschale lauschen
Die Kinder schließen die Augen und legen den Kopf auf der Bank ab. Anschließend schlägt der Leiter einen Ton mit der Klangschale (Triangel, Glocke, Gong ...) an. Die Kinder sollen erst dann den Kopf heben bzw. die Augen öffnen, wenn der Ton ihrer Meinung nach völlig verklungen ist.

Nach draußen hören
Dafür sitzen die Kinder mucksmäuschenstill auf ihren Stühlen. Der Leiter öffnet leise das Fenster. Die Kinder lauschen auf die Geräusche, die von außen eindringen. Anschließend wird berichtet, was es alles zu hören gab.

Nach drinnen hören
Die Aufmerksamkeit der Kinder richtet sich auf Geräusche innerhalb des Gruppenraumes (Rauschen der Heizung, Stimmen, Knacken des Holzbodens, Regen an der Fensterscheibe ...)

Variante:
Schulgeräusche erkennen
Die Schüler sitzen bei geschlossenen Augen mit dem Rücken zum Lehrer. Dieser erzeugt dann typische Geräusche aus dem Schulalltag.

Beispiele: Tafel aufklappen, Fenster öffnen, mit Kreide auf Tafel schreiben, Wasserhahn aufdrehen, ein Buch zuklappen, einen Stuhl verrücken, den Tageslichtprojektor anschalten, Papier zerknüllen ...

Varianten:
– Der Lehrer läßt unterschiedliche Dinge zu Boden fallen, z.B.: Kreide, Buch, Papier ...
– oder klopft an verschiedene Gegenstände ...
– oder bedient Gegenstände in ihrer Funktion, z.B.: Streichholz anzünden, Luftballon aufblasen, Papier mit Schere schneiden, Schublade öffnen und schließen, in einem Buch blättern ...

Nach innen hören
Während der Stille achten die Kinder auf ihre Eigengeräusche (Atmung, Bewegung der Muskulatur, Verdauungsgeräusche ...).

Ein Ohr anlegen

Die Kinder legen in den folgenden Übungen jeweils eines der beiden Ohren an, um ganz aufmerksam Geräusche natürlichen Ursprungs zu hören:
- Auf dem Boden Schritte u. a. hören (dazu bewegen sich einige Schüler auf jeweils unterschiedliche Weise fort)
- An der Wand die Nachbargruppe oder -klasse hören
- Auf dem Rasen »das Gras wachsen hören«
- In einer Muschelöffnung das Rauschen des Meeres ahnen
- An dem besten Freund: Je zwei befreundete Kinder setzen sich zusammen. Nacheinander versuchen sie, die Geräusche im Bauch des Freundes zu erforschen und wahrzunehmen, indem sie ein Ohr an die Bauchdecke des Partners legen und intensiv hineinhorchen.

Weißt Du, daß Bäume reden? Ja, sie reden. Sie sprechen miteinander, und sie sprechen zu dir, wenn du zuhörst. Aber die weißen Menschen hören nicht zu. Sie haben es nie der Mühe wert gefunden, uns Indianer anzuhören, und ich fürchte, sie werden auch auf die anderen Stimmen in der Natur nicht hören. Ich selbst habe viel von den Bäumen erfahren: manchmal etwas über das Wetter, manchmal über Tiere, manchmal über den Großen Geist.

Tatanga Mani

Was die kleine Momo konnte wie kein anderer, das war Zuhören. Momo konnte so zuhören, daß dumme Leute plötzlich auf sehr gescheite Ideen kamen. Nicht etwa, weil sie etwas sagte oder fragte, was den andern auf solche Gedanken brachte, nein, sie saß nur da und hörte einfach zu, mit aller Aufmerksamkeit und Anteilnahme. Sie konnte so zuhören, daß ratlose und unentschlossene Leute auf einmal ganz genau wußten, was sie wollten. Oder schüchterne sich plötzlich frei und mutig fühlten. Oder daß Unglückliche und Bedrückte zuversichtlich und froh wurden. Und wenn jemand meinte, sein Leben sei ganz verfehlt und bedeutungslos, und er selbst nur irgendeiner unter Millionen, einer, auf den es überhaupt nicht ankommt oder der ebenso schnell ersetzt werden kann wie ein kaputter Topf – und er ging hin und erzählte alles das der kleinen Momo, dann wurde ihm, noch während er redete, auf geheimnisvolle Weise klar, daß er sich gründlich irrte, daß es ihn, genau so wie er war, unter allen Menschen nur ein einziges Mal gab, und daß er deshalb auf seine besondere Weise für die Welt wichtig war. So konnte Momo zuhören!

aus: MOMO von MICHAEL ENDE

Wir hören bereits, noch bevor wir die Augen geöffnet haben, wenn wir aufwachen, Vogelgezwitscher, vorbeifahrende Autos, Stimmen, Schritte usw. Durch unsere Ohren tritt bereits die Welt mit uns in Kontakt. Denn unsere Ohren können wir in de Regel nicht einfach verschließen, so wie die Augen. Hören geschieht mehr ungewollt und ungenau und oft »nebenbei«.

Wenn wir etwas wirklich ganz bewußt hören und in uns aufnehmen möchten, blenden wir alles aus, was uns zum Verstehen nicht wichtig erscheint, denn die Geräusche sind häufig aus mehreren Einzelgeräuschen zusammengesetzt. Dann hören wir nicht nur so nebenbei, sondern wir »horchen« (auf) oder lauschen ganz genau hin.

Verstopfte Ohren
Jedes Kind erhält einen Bausch Watte, den es sich in die Ohren stopfen soll. Es ist auch möglich, mit den Zeigefingern die Ohren fest zuzudrücken.

Dann liest der Übungsleiter eine kurze Geschichte, ein Gedicht ... vor. Nach dem Vorlesen wird die Watte wieder herausgenommen.

Die Kinder können bereits an dieser Stelle über ihre Erfahrungen sprechen.

Der gleiche Text kann aber auch nach dem bewußten Befreien vom Hörhindernis und Öffnen der Ohren erst noch einmal vorgelesen werden.

Übrigens: Geräusche lenken uns ab, wenn wir vor ihnen weglaufen, sie aus unserem Bewußtsein stoßen wollen, und ihnen das Recht, da zu sein, verwehren. Dann sind sie zerstreuend und irritierend. Wenn wir sie jedoch aufmerksam wahrnehmen, annehmen und so sein lassen, dann stören sie nicht mehr.

Übung: Die Kinder setzen sich bequem, aber möglichst aufrecht hin und schließen die Augen. Dann verstopfen sie ihre Ohren mit den Daumen und bedecken die Augen mit den Handflächen.
Sie schalten die Geräusche und Reize von außen weitgehend aus und lauschen ganz aufmerksam auf die Geräusche ihres Atems.
Nach etwa 15 Atemzügen legen sie ihre Hände zurück in den Schoß und horchen bei geschlossenen Augen auf alle Geräusche:
Zunächst versuchen sie den Geräuschen zuzuhören, ohne sie zu identifizieren. Sie nehmen die Geräusche nur noch als Ganzes wahr.
Sie spüren, daß die Geräusche sie immer weniger stören.

Geräusche selber machen
Die Kinder bringen eine Schachtel oder Büchse mit, die sie mit beliebigen Dingen gefüllt haben (Steine, Reis, Erbsen, Papier, Sand ...). Reihum schüttelt jedes seine Büchse. Die Kinder müssen erraten, was sich in ihr befindet.

Geräuschkassette selber herstellen
Die Kinder nehmen zu Hause selbst Geräusche mit dem Kassettenrekorder auf. In der Schule, im Kindergarten oder der Gruppe wird das Band vorgespielt und die anderen raten, um welche Geräusche es sich handelt.

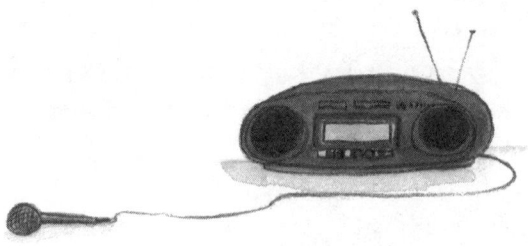

Stille aufnehmen
Die Kinder vereinbaren, eine gewisse Zeit ruhig zu werden und währenddessen die Stille in ihrem Raum aufzunehmen. Beim anschließenden Abhören werden sie sich evtl. wundern, wie laut auch die von ihnen empfundene Stille noch sein kann. Bei wiederholter Übung werden die Teilnehmer sicher eine positive Entwicklung feststellen können.

Seine Stimme hören
Der Leiter läßt während einer Gruppenstunde einen Kassettenrekorder mitlaufen. Anschließend wird die Aufnahme angehört. Die Kinder versuchen, die einzelnen Stimmen den jeweiligen Sprechern zuzuordnen.

Variante: Ein Gedicht wird nacheinander von Kindern vorgetragen oder die einzelnen Sätze einer Geschichte von jeweils anderen durcheinander vorgelesen.

Der eigene Sprecher wird sich oft erst erkennen, wenn die anderen seine Stimme schon längst identifiziert haben. Das liegt u. a. daran, daß wir unsere eigenen Stimme mehr von innen als von außen hören.

Das Auge führt den Menschen in die Welt.
Das Ohr führt die Welt in den Menschen.
LORENZ OKEN

Wie den Menschen Hören und Sehen verging
Es war einmal ein Land, gar nicht so fern von unserem, da lebte ein böser Zauberer. Tag und Nacht verfolgte er nur einen Plan: Er wollte die Menschen in seine Gewalt bringen. Dabei wußte er genau, wie gefährlich er den Menschen werden konnte, denn er lebte unerkannt in diesem Land. Nichts aber ist schlimmer, als schleichende Gefahren, die keiner kommen sieht.

So blieb der Alte bewußt im Verborgenen und heckte im Geheimen seinen teuflischen Plan aus. Wenn er dabei an die Ahnungslosigkeit der Leute dachte, stieß er ein schadenfroh krächzendes Gelächter aus, das selbst alte Hexen das Fürchten lehrte. Aber leider hörte keiner dieses Lachen, das die Menschen hätte warnen können.

Und das kam so.

Der Zauberer verstand wie kein anderer die Kunst, die Menschen abzulenken. Zuerst hatte er tausend und abertausend Bilder gezaubert und Unmengen von Worten und Melodien produziert. Je mehr Worte und Bilder aber auf die Menschen einprasselten, desto weniger vermochten sie, diese wahrzunehmen. Mit der Zeit verging ihnen buchstäblich Hören und Sehen. Sie wurden blind und taub füreinander und für die Welt, die sie umgab. Langsam aber sicher wurden die Sinne der Leute stumpf und stumpfer, bis die Menschen eines schlechten Tages überhaupt keinen Sinn mehr in ihrem Leben sahen. Und das genau war es, was der Zauberer hatte erreichen wollen. Er hatte eine diebische Freude an diesen willenlosen Werkzeugen seines verbrecherischen Hirns. Jetzt nämlich konnte er die Menschen so steuern und beeinflussen, wie er es wollte. Es war wirklich wie verhext. Die Leute sahen ihr Gegenüber nicht mehr als Menschen, sondern als Konkurrenten. Und wenn sie gar jemand um Hilfe bat, hörten sie nicht mehr diesen Hilferuf, sondern das, was der Zauberer ihnen in seiner Boshaftigkeit eingab: »Der Taugenichts will dir nur dein bitter verdientes Geld stehlen.«

Manch einer litt so sehr an dieser Sinnlosigkeit, daß er dem Unsinn ein Ende setzen und gar nicht mehr leben wollte.

Da geschah es, als es um die Menschen dieses Landes zum Schlimmsten stand, schrie einer auf und weinte, daß es einem das Herz zerriß. Und während er so weinte, geschah etwas Seltsames. Es war, als ob die Tränen alle bösen Bilder aus seinen Augen wuschen. Zum ersten Mal seit langer Zeit sah er die Welt wieder klar. Die Blumen waren wieder bunt und die Menschen wieder Freunde. Er erkannte aber auch den bösen Zauber, der über diesem Land lag, und so begann er, ihn zu bekämpfen. Er hatte keine Waffen, nur seine Erkenntnis. Das jedoch war viel. Denn wer um seine Bedrohung weiß, kann ihre Macht auch brechen. Wo immer er konnte, mahnte er seine Mitmenschen, ihre Sinne wieder zu schärfen. Die Sinne nämlich sind wie feine Antennen des Herzens. Wenn sie stumpf werden, geht der Kontakt zum Leben unwiederbringlich verloren.

Übrigens ist er heute noch unterwegs. Wer weiß, vielleicht klopft er eines Tages auch an deine Tür. Du kannst ihm seine Geschichte ruhig glauben, er erzählt dir keine Märchen.

aus: U. Peters, *Von Aschermittwoch bis Ostern,* Herder Verlag, Freiburg, 1994, S. 22f.

Mit Musik

Musik kann einen ganz unterschiedlichen Stellenwert haben, je nach dem, auf welche Weise sie eingesetzt wird.

Zunächst besteht der größte Unterschied darin, ob sie selbst gemacht wird, sei es auf Musikinstrumenten oder singend, oder ob »fertige« Musik angehört wird.

Und auch dann kann ihr völlig unterschiedliche Gewichtung beigemessen werden:

Sie kann als Beiwerk, zur Untermalung und Imagination verwendet werden, z. B. leise im Hintergrund zu hören sein und somit eine Stille-Übung wie z. B. beim meditativen Malen hilfreich unterlegen. Sie hat aber auch ihren eigenen Stellenwert, nämlich dann, wenn sie in den Mittelpunkt der Aufmerksamkeit gestellt wird, und es darum geht, ihre eigenen Stimmung und ihren eigenen Gehalt zu ergründen und zu spüren. Musik löst ganz individuelle Gefühle aus und ruft persönliche Erinnerungen und Empfindungen wach. Auch das kann in einer Stille-Übung produktiv gemacht werden.

Singend oder summend ist Musik ein Mittel zum Austausch von Energie und Vibrationen, wobei die verschiedenen Töne und Silben Schwingungen erzeugen, die den Geist beruhigen, aufmerksamer und konzentrierter machen und bereiter für das Zuhören.

Ein klangliches Geschehen bezieht den ganzen Körper mit ein. Denn der Hörnerv dient nicht nur dem Hören, sondern auch dazu, das Gehirn mit elektrischer Energie aufzuladen. Während von hohen Frequenzen eine anregende Wirkung ausgeht, sie den Menschen beleben, anregen und mit neuer Energie versorgen, lassen tiefe Töne den Körper zwar auch mitschwingen, aber sie beruhigen und laden ihn nicht mit neuer Kraft auf. Deshalb ist bei der Auswahl der Musik darauf zu achten, welche Wirkung sie herbeiführen soll.

Zirpende Gitarren oder hohe Flötentöne weisen lange analoge Schwingungen und hohe Frequenzen auf. Sie regen die rechte (schöpferische) Hemisphäre der Schüler an und eignen sich daher zur Aktivierung kreativer Aufgaben (Musikgeschichten erfinden, lautmalerische Darstellungen ...). Dunkle Cellopartien u. a. dagegen lassen den Hörer (und seinen Gedankenfluß) eher zur Ruhe kommen.

Stimmungsbilder
Die Kinder malen mit geschlossenen Augen alles, was durch die Musik an Gedanken und Gefühlen in ihnen aufsteigt.

Musikgeschichten
Gerade im Zeitalter des Walkman und der Dauerberieselung mit Musik in Warenhäusern, Verkehrsmitteln etc. kann es für Kinder ein Stilleerlebnis sein, wirklich aufmerksam und nicht nur nebenbei eine Musik zu hören.

Die Hörübung kann verbunden werden mit dem Auftrag, wahrzunehmen, was die Musik für eine ganz persönliche Geschichte (eine Nachricht, Botschaft ...) erzählen will.

Ganzheitlich hören
Rainer Maria Rilke hat von einer Musik gesagt, sie »dufte«. Die Schüler sollen diese Aussage nachempfinden lernen.

Dafür wird eine abwechslungsreiche (möglichst bisher unbekannte) Musik gewählt, welcher die Schüler in entspannter Haltung (am besten liegend auf dem Boden oder auf der Tischbank) lauschen sollen.
Der Übungsleiter gibt nacheinander folgende Anhaltspunkte:
Welche Farbe hat die Musik?
Welche Form hat sie?
Wie fühlt sie sich an?
Wie riecht bzw. schmeckt sie für dich?
Woran erinnert sie dich?

Die Übung kann 5 Minuten, aber auch eine Viertelstunde dauern. Anschließend sollte ausreichend Gelegenheit sein, Eindrücke und ER-INNE-RUNGEN festzuhalten und auszutauschen.

Musik mit dem ganzen Körper aufnehmen
Die Kinder liegen entspannt auf dem Rücken. Sie spüren in ihre Auflagefläche am Boden hinein. Die ausgewählte Musik wird eingestellt, zunächst ganz, ganz leise, bis zu einer Lautstärke, die für ein entspanntes Lauschen notwendig ist. Die Kinder erhalten genug Zeit, die Musik individuell auf sich wirken zu lassen. Dann lenkt der Leiter die Aufmerksamkeit zu den nach oben geöffneten Handflächen der Kinder, und bittet sie, sich vorzustellen, die Musik durch die Handflächen aufzunehmen.

Die Übung kann hier beendet werden, indem die Musik immer leiser und schließlich ausgemacht wird, und die Teilnehmer sie in sich nachklingen lassen.

Sind die Kinder mit Stilleübungen schon ein wenig vertraut, wird die Übung erweitert und die Aufmerksamkeit von den Handflächen über den Brustkorb und Bauchraum hin zur ganzen Körperoberseite geführt. Die Kinder nehmen die Musik schließlich mit der ganzen (nach oben liegenden) Körperfläche auf. Die Musik beginnt im ganzen Körper zu schwingen bzw. fließt durch den ganzen Körper hindurch.

Summen

Der Leiter summt beispielhaft in verschiedenen Tonlagen. Er bittet die Kinder, nach und nach einzusetzen und auch zu summen. Diese sollen dabei verschiedenste Töne ausprobieren und auf ihre Wirkung im Körper achten.

Nach etwa drei Minuten bleiben sie dann bei dem Ton, der ihrer Meinung nach am besten zu ihnen paßt.
Wie fühlt sich dieser Ton an?
Wo spüre ich ihn im Körper?

Vor der Übung kann es zur Verdeutlichung hilfreich sein, gemeinsam verschiedene Vokale zu singen und ihre Klangstelle im Körper durch das Auflegen der Hände aufzuspüren.

In der Chakra- und Yogalehre werden den verschiedenen Energieknotenpunkten im Körper jeweils ein bestimmter Vokal zugeordnet (»e« schwingt am stärksten in Hals und Kehle, »i« im Kopf, »a« in Herzhöhe, »o« im Magen und Bauchnabel und »u« im Unterleib bis zum Beckenboden.)

Das Summen bestimmter Vokale aktiviert das dazugehörige »Chakra« (Energiezentrum). Das wohl bekannte »OM« (auomm klingend) z.B. basiert auf diesem Wissen. Es ist eine heilige Silbe, welche zur Wesensmitte des Menschen führt.

Musiktips

»Klassisches«

Albinioni, Tomas, »Adagio«

Cerny, Daniel, »Piano non forte«

Corelli, Arcangelo, »Concerto grosso op. 6 Nr. 8, Adagio und Pastorale

Debussy, Claude, aus: »Konzert für Klarinette und Orchester«, KV 622, Adagio

Pachelbel, Johann, »Kanon und Gigue«

Smetana, »Die Moldau«

Saint-Saëns, Camille, aus: »Karneval der Tiere: Der Schwan«

Vivaldi, Antonio, aus: »Die vier Jahreszeiten: Winter 2. Satz«

und anderes

Anugama, »Silent Joy«

Coltrane, John, »Love Supreme«

Dahlke, Rüdiger, »Märchenland«

Deuter, Chaitanya, »SAN«

»Sands of Time«

»Cicada«

Djamilia, »Morgaine«

Drummers of Burundi, »Real world«

Eno, Brian, »On land« und andere

Guem et Zaka, »Best of Percussion«

Horn, W. u. R., »Traumreisen«

Kitaro, »Silver Cloud«

»Silkroad« und »Best of«

Knopfler, Mark, »The Princes Bride«

Lynch, Ray, »No Blue Thing«

Mara, Jean Claude, »Tag und Traum«

Massenet, Jules, »Meditation aus Taizé«

Pink Floyd, »echoes«

Roth, Gabriele und the mirrors, »Luna«

Sayama, »Reike Hände«

Sohio Tosha, »Vier Jahreszeiten in Kyoto«

Vetter, Michael, »Zen-Koto«

Wale, »Die Gesänge der Buckelwale«

»In der Offenheit zum DU
– zu Dir und zu GOTT hin –
werden wir ›Hörende‹.«

ohne deine Augen
sehe ich nur die Hälfte

ohne deine Ohren
höre ich nur sehr schlecht

ohne deinen Mund
komme ich ins Stottern

ohne deine Hände
begreife ich nicht viel

ohne deine Füße
verlaufe ich mich

ohne deine Liebe
wird es wüst in mir

deshalb
bleibe doch
bleibe doch da

noch ist Zeit
gegen die Angst zu singen
gegen die Armut zu träumen

noch ist Zeit
gegen Gewalten zu handeln
gegen den Tod zu lieben

noch ist Zeit
für uns
zu leben
für diese Welt

Der Herr segne dich
er erfülle deine Füße mit Tanz
deine Arme mit Kraft
deine Hände mit Zärtlichkeit
deine Augen mit Lachen
deine Ohren mit Musik
deine Nase mit Wohlgeruch
deinen Mund mit Jubel
dein Herz mit Freude
so segne dich der Herr

HANS-KARL SEEGER

Der Atem ist dein bester Freund

Atem ist Leben

Der Mensch kann wochenlang ohne Nahrung leben, einige Tage ohne Wasser, aber nur wenige Minuten ohne Sauerstoff. Und wenn wir sagen, daß uns »die Luft ausgeht«, meinen wir, wir sind am Ende mit unserer Kraft. Durch die Atmung wird unser Körper einerseits mit dem lebensnotwendigen Sauerstoff versorgt, der durch das Blut in jede Körperzelle transportiert wird.

Andererseits wird das als Stoffwechselschlacke des Verbrennungsprozesses übriggebliebene Kohlendioxid ausgestoßen.

Mit dem Ausatmen wird also Altes, »Verbrauchtes« abgegeben und somit Raum geschaffen, um überhaupt Neues, »frische« Luft, aufnehmen zu können.

Atem ist Austausch

Eine bewußte, tiefe und ruhige Atmung garantiert dem Menschen eine optimale Sauerstoffversorgung, die den Organismus gesund und widerstandsfähig hält und sein Immunsystem stärkt, da sie zur Entschlackung und Reinigung beiträgt. Das Zwerchfell, der quergelagerte und größte Atemmuskel, trennt die Lungen vom Bauchraum. Der Impuls, der die kommende Einatmung bewirkt, dehnt das Zwerchfell nach unten und den Brustkorb nach außen. Autonome Reflexe lösen diese Spannung und lassen die Muskulatur wieder in die Ausgangsstellung zurückgleiten.

Unser Atem – nichts ist uns näher und gehört uns doch nicht.

Er verbindet ununterbrochen Innen und Außen – ohne unser Zutun. Unsere Sprache verrät durch viele Redewendungen den engen Zusammenhang zwischen der Atmung und der Gemütsverfassung des Atmenden. Wir sprechen davon, daß jemandem »die Puste wegbleibt«, wenn er sehr erschrocken ist, einer »einen langen Atem hat«, also sehr geduldig und ausdauernd ist. Etwas hat mir »den Atem verschlagen«, also die Luft zum Leben genommen, ein Krimi ist »atemberaubend« spannend und »es herrschte atemlose Stille«.

Sogenannte Pneumogramme, die den Atmungsverlauf unter verschiedenen Einflüssen aufzeichnen, beweisen, wie sehr sich die Atmung bei jedem gefühlhaften und gedanklichen Vorgang verändert und anpaßt. Sie machen die körperlichen wie psychischen Einflüsse auf die Atmung sichtbar.

Umgekehrt läßt sich die körperliche und psychische Verfassung durch bewußte Atemlenkung beeinflussen.

Atem ist ständiger Wandel

Viele spirituelle Übungswege schenken dem Atem daher besondere Aufmerksamkeit, insbesondere im Yoga werden eine Vielzahl von Atemübungen (Pranayamas) geübt. Durch das Lenken der Atmung und die Rhythmisierung des Ein- und Ausatmens werden das vegetative Nervensystem und die Organe des Menschen intensiv beeinflußt. Neben der Steigerung von Konzentrationsvermögen, der Auflösung von Blockaden und einer tiefgehenden Reinigung, steht die Atemachtsamkeit im Vordergrund. Wer seiner Atmung konzentrierte Achtsamkeit schenkt, wird sich selbst ER-LEBEN, denn Atem und Leben gehören untrennbar zusammen. Wesentlich ist, den Atem wahrzunehmen, ihn anzunehmen, sich auf ihn einzustimmen und schließlich einszuwerden mit ihm.

Man unterscheidet verschiedene Atemphasen: die Ausatmung, die Einatmung und die Atempausen nach dem Ein- bzw. Ausatmen. Irrtümlicherweise wird der Einatmung der größte Wert beigemessen, dabei kann ein Behälter doch erst dann gefüllt werden, wenn er vorher entleert wurde. Daher liegt der Schwerpunkt vieler Atemübungen auf der Verlängerung der Ausatemphase.

Jede Atemphase läßt sich mit bestimmten Emotionen und Gedanken verbinden, auf die hier nicht näher eingegangen werden kann. Die enorme Wirkung von Atemübungen auf die Organe, die psychische Verfassung und insbesondere auch auf das vegetative Nervensystem ist unbestritten. Wer sich seinem Atem mit erhöhter Intensität zuwenden möchte, benötigt hierfür allerdings eine erfahrene kompetente Anleitung (Atempädagogen und Yogalehrer). Es ist jedoch schon eine große Hilfe, wenn durch leichte und spielerische Atemübungen eine Verbesserung der Gesamtverfassung und damit auch der Gesundheit erreicht wird.

Atemübungen gegen kopflastige und atemraubende Schulvormittage.

Die Art und Weise zu atmen wirkt sich auf das körperliche Wohlbefinden und somit auch auf die seelische Verfassung aus. Nicht nur Erwachsene, sondern auch Kinder und Jugendliche atmen bei Streß, Angst und unterdrückten Gefühlen flacher als im entspannten Zustand. Die Lunge kann nicht richtig mit Luft gefüllt werden und der Atemraum beschränkt sich auf den Brustkorb. Somit gelangt der Atem und mit ihm die Energie nicht bis in den Bauch und wird an seinem Fließen gehindert. Oft grenzt die Magenzone den oberen Atemraum (Verstandesbereich) vom unteren (Gefühlsbereich) ab. Kann die Energie nicht durchfließen und beides miteinander verbinden, kommt es zu Ungleichgewicht, Unausgewogenheit und Unterdrückung wichtiger Lebensbereiche, die sich mit körperlichen Symptomen wie z. B. Magenschmerzen »Luft verschaffen«.

Daher sollte die Kinder möglichst früh am eigenen Leib erfahren, daß sich durch das Üben bestimmter Atemweisen im Laufe der Zeit Entspannung einstellt, die Wachheit und Konzentration steigert. Sie lernen somit eine Möglichkeit kennen, mit Streß, Ängsten, Belastungen usw. umzugehen, ohne auf äußere Hilfsmittel (Tabletten, Drogen, Alkohol u. ä.) zurückgreifen zu müssen.

Viele der Atemübungen sind mit Symbolen und Metaphern verbunden. Die poetische Sprache spricht die Kinder und Jugendlichen an. Mit Hilfe der Phantasie und Vorstellungskraft verwandeln sie sich in zauberhafte Lebewesen oder stellen sich eine konkrete Situation bildhaft vor. Durch dieses Imaginieren und Identifizieren werden evtl. Hemmungen abgebaut und ein sich wirklich intensives Einfühlen und Einbringen erleichtert. Die Aufmerksamkeit wird auf sich selbst fokussiert – ein Beitrag auf dem Weg zur Stille, sich selbst und letztlich zu Gott.

»Der Atem ist dein bester Freund.
Kehr zu ihm zurück
in all deinen Bedrängnissen
und du wirst Erleichterung
und Führung erfahren.«

Über die Atemübung
»Es wird die Übung des Atems in ihrem eigentlichen
menschlichen Sinn verfehlt, wenn man sie ausschließlich als eine körperliche Übung betrachtet, die der
Gesundheit oder der Steigerung der Leistungskraft dient. Es ist ein trauriges Zeichen, wenn man unter dem Atem nichts anderes mehr versteht
als ein Einziehen und Ausblasen von Luft.
Wir müssen im Atem den Odem des Großen Lebens wahrnehmen,
der alles Lebendige durchwaltet und so auch den Menschen als ganzen
Menschen bewegt, ihn als Seele, Geist und Leib lebendig erhält ...
So bedeutet die Übung des rechten Atems Freimachen des Weges zur
Selbstverwirklichung.«

KARLFRIED GRAF DÜRKHEIM

Atemübung im Andreaskreuz *(ausformulierte Anleitung)*
Stelle dich (ohne Schuhe) mit weit gegrätschten Beinen und erfühle mit dem Fußsohlen den Boden ... Das Körpergewicht ist gleichmäßig auf beide Fußsohlen verteilt ...

Verbinde dich immer mehr mit der Erde ... verwurzle dich an den Fußsohlen mit dem Boden ...

Bewege jetzt dein Becken einige Male vor und zurück ... und finde dich in einer mittleren Position ein ... du stehst ganz gerade aufgerichtet ... Stell dir vor, ein am Scheitel befestigter Faden zöge dich Richtung Decke ... Spüre dich dort dem Himmel verbunden ...

Die Arme und Schultern hängen locker ... das Gesicht ist entspannt ... Kontrolliere, ob der Bauch gelöst ist ... oder ob du ihn festhältst ... Laß den Atem frei strömen ...

Parallel zum Atem führe jetzt eine kleine Bewegung aus:
Drehe einatmend deine Handflächen nach außen ... und erlebe die Öffnung ... ausatmend kehre die Handflächen wieder nach innen zurück ... Führe diese Bewegung in deinem Atemrhythmus einige Male durch ... und verweile dann in der geöffneten Haltung. Nimm nun mit der Einatmung die gestreckten Arme schräg nach oben, bis du in der Haltung eines Andreaskreuzes stehst ... Spüre möglichst lang die Dehnung und Öffnung bis in die Fingerspitzen hinein ... Ausatmend kehre in der umgekehrten Reihenfolge zurück, bis die Arme wieder locker hängen ...

Wenn du das Bedürfnis verspürst, den Rücken nach dieser Haltung zu entspannen, laß den Oberkörper, Kopf, Schultern und Arme locker nach vorne sinken, bis er »hängt« ... Nach einer Zeit des Nachspürens richte dich langsam wieder auf.

Den Atem verlängern

Machen Sie zusammen mit Ihren Kindern ein paar Bewegungs- und Lockerungsübungen. Stellen Sie sich dafür vor Ihren Platz/Stuhl und lassen Sie sich durchaus von Ihrer spontanen Intuition führen (siehe Anregungen unten). Schließen Sie daran jeweils eine längere Atemübung im Sitzen an, bei der die Schüler auf ihren Atem achten und jeweils beim Ausatmen einen Verschlußlaut sprechen (f-f-f-f ... oder t-t-t-t ... oder sch-sch-sch ...).

Lassen Sie den Einatem kurz und kräftig sein und den »tönenden Ausatem« leicht, fein und möglichst lang.

Die Kombination von Bewegungsübungen und einer zentrierenden, beruhigenden Atemübung sind aus meiner Erfahrung besonders effektiv. Mögliche Lockerungen vor dem F-T- oder Sch-Atem könnten z. B. sein:
– 8 x Springen wie ein Hampelmann
– 6 - 8 x Pflücken von Äpfeln, die ganz weit oben hängen
– je 5 x Kreisen der Schultern vor und zurück
– 3 x den Kopf einknicken und den Rücken Wirbel für Wirbel nach vorne abrollen, bis der ganze Oberkörper vornüber hängt, dann auf gleiche Weise zurück.

»Baumeln« *(ausformulierte Anleitung)*
Einatmend hebe deine gestreckten Arme mit langsam und bewußt ausgeführter Bewegung seitlich am Körper hoch bis über den Kopf. Ausatmend läßt du dich locker nach unten fallen, so daß Kopf, Schultern, Arme und Hände gelöst nach unten »baumeln«. Du verweilst einige Zeit in dieser Baumelhaltung, der Atem fließt ruhig und du spürst, wie du der Dehnung im Rücken und in den Kniekehlen immer mehr nachgeben kannst.

Holzhacker oder **Der Ha-Atem** *(ausformulierte Anleitung)*
Du stehst mit gegrätschten Beinen, die Fußsohlen nehmen guten Kontakt auf mit dem Boden. Wenn du dir den Bewegungsablauf eines Holzhackers gedanklich vorgestellt hast, faltest du deine Hände und nimmst mit einer tiefen Einatmung die gestreckten Arme nach oben und dehnst sie weit nach hinten durch.

Dann läßt du dich mit einer schwunghaften Bewegung nach unten fallen, wobei die Arme zwischen den gegrätschten Beinen schwingen, als wollten sie dort ein dickes Stück Holz spalten. Diese Bewegung wird begleitet von dem kräftigen Ausatem, der sich mit einem lauten »ha« Luft macht.

Atemrhythmus
Der Leiter vereinbart mit den Kindern zwei Zeichen (Töne, Handbewegungen o. ä.), die für das Einatmen und das Ausatmen stehen. Er bittet sie, mit ihrem Atemrhythmus aufmerksam den abgesprochenen Zeichen zu folgen, also einzuatmen bei ... und auszuatmen bei ...

Das Tempo beginnt langsam, wird dann schneller und endet wieder bei einem ruhigen und beruhigenden Atemtempo.

Im Anschluß kann darüber gesprochen werden, bei welchem Tempo sich die Kinder wohler gefühlt haben, und bei welchen Gelegenheiten bewußtes, langsames Atmen hilfreich sein kann!

Atmend einen Ball schaukeln
Die Schüler massieren sich zur Einstimmung mit einem Tennisball oder Massageigel den Bauch und Brustkorb. Dabei führen sie den Ball mal mit mehr und mal mit weniger Druck in Kreisbewegungen unter ihrer Handfläche. Während der Ball anschließend kurz in einer Hand pausiert, wird die Aufmerksamkeit auf den Atem gelenkt. Die Schüler beobachten einige Zeit, wie schnell, regelmäßig und tief ihr Atem gerade im Moment kommt und geht. Dann werden sie aufgefordert, ihren Ball erst auf dem Brustkorb abzulegen und dann auf dem Bauch. Der Ball wird passiv durch die Atembewegung des Körpers »geschaukelt«. Zum Schluß legen die Schüler den Ball an die Stelle auf dem Körper ab, wo dieser am meisten geschaukelt wird.

Sorgenballon
Jedes Kind erhält einen Luftballon, mit dem es etwas Besonderes auf sich hat ... Der Leiter erklärt ihnen, daß es sich um »Sorgenballons« handelt, die mit der Luft auch Sorgen, Kummer und Ängste aufnehmen. Die Kinder schließen ihre Augen und überlegen, was sie zur Zeit bedrückt. Haben sie sich dies gut vorgestellt, dürfen sie ihren Ballon aufblasen. Mit jedem Atemzug soll das Problem oder die Angst mit Hilfe der Vorstellungskraft kräftig in den Ballon gestoßen werden. Ist der Kummer möglichst ganz weggeblasen, wird der Ballon fest verknotet.
Ob die Sorgenballons anschließend draußen verschickt, in einem Spiel zerstochen, oder an den besten Freund verschenkt werden sollen, bestimmt die jeweilige Gruppe selbst.

Variation: Die Kinder schließen ihre Augen und stellen sich nun in ihrer Phantasie (!) vor, sie bekämen einen Luftballon in ihrer Lieblingsfarbe geschenkt. Der Ablauf der Übung ist dann wie oben beschrieben. Der Phantasie-Sorgenballon wird jedoch solange aufgeblasen, bis er platzt und sich auf diese Weise alles Negative »in Luft aufgelöst« hat.

Atem verschicken 1
Die Kinder setzen sich gerade aufgerichtet auf ihren Stuhl. Sie atmen einige Male ganz bewußt bis tief in ihren Bauch und lassen sich mit jedem Ausatmenzug etwas mehr auf dem Stuhl nieder. Dann stellen sie sich vor, daß sie jeden Ausatemzug durch die Arme bis in die Hände und dort sogar hinaus schicken.

Nach einigen Atemzügen ballen sie die auf den Oberschenkeln aufliegenden Hände zur Faust und lösen sie mit jedem Ausatmenzug immer ein wenig mehr ... Sind die Hände wieder ganz geöffnet, stellen sie sich vor, daß sie so auch alle Sorgen und negativen Gedanken »rausatmen« könnten.

Nach einiger Zeit reiben die Kinder ihre Hände aneinander, bis Wärme zu spüren ist, und halten die Handflächen dann ohne zu berühren gegeneinander.

Atem verschicken 2
Beginn wie bei Übung 1, jetzt jedoch mit der Vorstellungskraft, jeden Ausatemzug durch die Beine hindurch bis in den Boden schicken, auch hier sollen die Schüler ihrem Atem positive Gedanken mit auf den Weg geben. Nach einiger Zeit spüren sie die Veränderung in den Beinen, welche sich in ganz unterschiedlicher Weise bemerkbar machen kann (Wärme, Helligkeit, Schwere u. v. m.).

Aufwecken der Gliedmaßen
Je zwei Kinder finden sich zu Paaren zusammen. Zunächst legt sich eines der beiden entspannt auf den Boden und »schläft«. Das andere hat nun die Aufgabe, seinen Partner liebevoll jedes einzelne Körperteil nacheinander zu wecken. Am besten beginnt man mit den Beinen, dann den Armen, dem Rücken oder Bauch und weckt zum Schluß erst das Gesicht.

Mit dem ganzen Körper atmen *(ausformulierte Anleitung)*
Lege dich auf den Rücken ..., schließe deine Augen ..., spüre alle Stellen, mit denen du den Boden berührst ... Beobachte nun deinen Atem, wie er gera-

de von selbst kommt und geht (...). Die Atemluft strömt durch die Nase ..., den Hals ..., die Lunge (...). Bei jedem Atemzug bewegt sich dein Brust- und Bauchraum (...). Während du deinem Atem so zuschaust, sinkst du bei jedem Atemzug etwas tiefer und schwerer auf deine Unterlage.

Stell dir nun vor, daß du auch mit anderen Teilen deines Körpers atmen kannst. In deiner Vorstellung atmest du die Luft jetzt mit den Zehen ein (...), der Luftstrom geht durch die Beine bis hinauf in deinen Bauch (...).

Stell dir vor, daß sich die Beine beim Einatmen ganz leicht ausdehnen, beim Ausatmen etwas zusammenziehen.

Stell dir nun vor, daß die Luft durch deine Finger und Arme einströmt. Achte dabei auf das Gefühl in deinen Händen und Armen (...). Die Luft strömt durch die Finger hinauf in die Arme (...), beim Ausatmen entweicht die Luft durch die Finger.

Nun spüre, wie dein ganzer Körper mit allen Poren die Luft um dich herum aufnimmt. Beim Einatmen dehnt sich dein ganzer Körper aus (...), beim Ausatmen zieht sich dein ganzer Körper ein bißchen zusammen (...). Fühle nach, wie es ist, wenn dein ganzer Körper Kraft, Energie aus der Luft holt ...

Atme nun wieder bewußt durch die Nase (...), beobachte deinen Atem, wie er von selbst kommt und geht (...).

Bewege deine Finger, die Hände, die Füße (...). Öffne deine Augen, dehne dich, strecke dich, räkle dich (...). Spüre in dich hinein, wie du Frische und Energie eingeatmet hast.

Musik einatmen

Die Kinder liegen auf dem Boden (oder mit dem Oberkörper auf der Schulbank). Bei geschlossenen Augen lauschen sie der Musik. Aufgabe ist es, die Musik in der Vorstellung mit den Ohren und der Nase einzuatmen. Die Kinder sollen spüren, wie die Töne und Melodien langsam in sie hineinwandern und sich im ganzen Körper verströmen. Der Leiter erinnert einige Male daran, mit den Gedanken ganz aufmerksam bei der Musik zu sein bzw. dorthin zurückzukehren.

Die Übenden merken sich, was die Musik in ihnen bewirkt.

Bauchatmung

Die Übung dient der bewußten Wahrnehmung des Atems und seiner Atemräume. Dabei liegt der Schwerpunkt auf dem Atemraum »Bauch«.

Bei der Bauchatmung wird die Wechselbeziehung zwischen Gefühlen und Atem sehr gut deutlich. Einerseits beeinflussen unsere Gefühle die Atmung, andererseits können wir aber auch durch die Atmung die Gefühle beeinflussen. Die Bauchatmung trägt dabei zur Entspannung und Beruhigung bei.

Die heilende Wirkung dieser Übung ergibt sich aus der Zwerchfelltätigkeit, welche hier besonders Herz-Kreislauf-Stoffwechsel- und Nervensysteme harmonisiert und stärkt. Die Bauchatmung gilt auch als gute Einschlafhilfe.

(ausformulierte Anleitung)
Leg dich entspannt auf den Rücken ... Die Arme und Beine sind lang ausgestreckt und liegen ein wenig vom Körper ab ... Die Handinnenflächen weisen nach oben ... die Füße fallen locker nach außen ... Wenn du ganz entspannt liegst ... schließ deine Augen ... und spüre, wie der Atem in dich geht ... Beobachte ihn zuerst in den Nasenflügeln ... wie er kommt und geht ... dann durch den Hals in die Lungen fließt ... und so deinen Brustkorb ein wenig bewegt ... Spür dann auch, daß der Atem bis in den Bauch geht ... Leg dafür deine Hände unterhalb des Nabels auf den Bauch ... Spür in deine Handflächen hinein ... und nimm die Bewegung der Bauchdecke wahr ... wie sie auf und ab geht ... immer wieder ... auf ... und ab ... Die Hände lassen sich von der Bauchdecke tragen und machen die Bewegung mit ... Sei ganz aufmerksam in dieser Atembewegung ... Der Atem fließt ruhig und regelmäßig ... Atem und Bewegung sind eins ...

Wenn du die Übung beenden möchtest, atme einige Male ganz tief ein, bring die Arme über den Kopf und streck und dehn dich durch ... Schließlich richte dich langsam wieder auf.

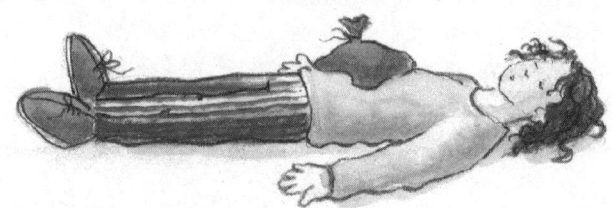

Tip für kleine Kinder: Statt der bloßen Hände kann auch ein Lieblings-Kuscheltier auf den Bauch gelegt werden, welches von der Bauchdecke beim Atmen ganz leicht hin und her geschaukelt wird.

Gorilla-Atmung

Nimm eine aufrechte Sitzhaltung ein. Atme kräftig aus ... Atme tief ein, sodaß sich der Brustkorb aufbläht und so weit und groß wird wie eine Gorillabrust. Klopfe mit den Fingerspitzen gleichzeitig schnell auf die Brust. Halte den Atem dann etwas an ... und klopfe den Brustkorb mit den Handflächen ab ...

Dann atme aus. Nach einigen normalen Atemzügen kannst du den »Gorilla« ruhig wiederholen.

Geräusche beim Atmen machen *(ausformulierte Anleitung)*

Nimm eine gerade Sitzhaltung ein und sammle dich einige Atemzüge lang bei geschlossenen Augen.

Atme dann aus ... und sehr tief ein. Halte den Atem einen Moment lang ... und laß ihn dann ganz langsam auf den Laut »S« ausströmen.

Du kannst das Geräusch variieren und auch auf »F« oder »SCH« den Atem verströmen lassen. Auf diese Weise stärkst du deine Nerven und wirst schon nach kurzer Zeit die entspannende Wirkung spüren.

Ausatmend summen

Summen verlängert die Phase des Ausatmens auf natürliche Weise. Durch die feine Vibration in den Lungen wird die Durchblutung verbessert. Die vertiefte Ausatmung bewirkt eine Belebung des Stoffwechsels, eine Steigerung der Konzentration, sie wirkt der Müdigkeit entgegen und löst psychische Verspannungen.

(ausformulierte Anleitung)
Setz dich aufrecht hin und atme während der ganzen Übung durch die Nase, obwohl der Mund leicht geöffnet ist. Nimm jetzt deinen Atem wahr

... Spüre, wie du die Luft beim Einatmen nicht zu »holen« brauchst, denn sie strömt ganz von selbst in dich ein ... Ohne den Atemrhythmus zu stören, laß die Luft durch die Nase einströmen ... und durch den leicht geöffneten Mund ausströmen ... Dabei laß einen ruhigen, tiefen Summton entstehen ...

Bleib ganz entspannt ... und atme mit einem befreienden Summton aus ... Lausche deinem Summton nach ... wie er von allein immer weicher und länger wird ... Spüre auch, ob du die Vibration im Körper fühlen kannst ... und wenn, wo? ...

Lege nun eine Hand auf das Brustbein und spüre dort die Vibration ... Leg die Hand dann tiefer und spüre ...

Deine Hand kann an verschiedenen Körperstellen helfen, die Schwingung wahrzunehmen ... Spüre schließlich ohne die Hilfe der Hand ...

Bevor du die Übung beendest, laß deinen Atem wieder ohne zu Summen frei strömen ...

Mache dir bewußt, was sich durch das Summen verändert hat ... Vielleicht fühlst du dich entspannter? ... oder ruhiger? ...

Summ-Konzert
Ist die Übung erst einmal vertraut, bereitet es vielleicht Freude, wenn die Schüler mal lauter und mal leiser summen und so in ein richtiges Summ-Konzert immer wieder neu einstimmen.

Den Atemräumen auf der Spur *(ausformulierte Anleitung)*
Lege dich auf den Rücken. Laß dir genügend Zeit, zu spüren, daß du liegst ... Dein Atem fließt ruhig ... Er kommt ... und geht ... wie die Wellen am Meeresstrand ...

Lege nun deine Hände auf den Bauch ... Nimm dort deinen Atem wahr ... Durch die Handflächen hindurch spürst du die Bewegung der Bauchdecke ... wie sie sich etwas vorwölbt, ausdehnt ... und von alleine wieder flach wird ... Immer wieder ...

Atme jetzt einige Male ganz besonders tief in den Bauch ... Streck dabei mit Hilfe deiner Bauchmuskeln die Bauchdecke beim Einatmen heraus ... und zieh sie nach dem Ausatmen ein, so daß noch mehr Luft herausgepreßt wird. Der Brustkorb bleibt dabei unbewegt ruhig. Die unteren Lungenflügel füllen sich mit Luft. Nach etwa 10 solchen Atemzügen laß den Atem normal fließen und lege deine Arme neben den Körper. Dann lege die Hände auf den Brustkorb ... und spür dort deinen Atem ...

Atme ganz bewußt in die Brust hinein ... Beim Einatmen bläht sich deine Brust auf ..., beim Ausatmen sinkt sie wieder herunter ... Spür in diese Phase hinein ... das Weiten ... und das Zusammenziehen ... Leg dann wiederum die Arme neben den Körper und laß den Atem ruhig fließen.

Jetzt leg die Hände an die Seiten des Brustkorbes, die Flanken. Spür wieder ganz aufmerksam hinein, wie sich dort die Rippenbögen beim Einatmen ausdehnen ... und dann wieder senken ... Wenn du auch diesen Atemraum aufmerksam gespürt hast, bringe deine Arme wiederum zum Boden ...

Bei dieser Atmung wird der mittlere Teil der Lunge mit Luft gefüllt.

Schließlich lege die Handinnenflächen auf die oberen Rippenbögen und die Finger leicht gespreizt auf das Schlüsselbein und Brustbein ... Zieh die Bauchmuskeln während dieser Atmung ein, um die Zwerchfellbewegung zu vermindern. Atme dann zu den Händen hin ... Brustbein, Schlüsselbein und obere Rippen bewegen sich ... Mach dir bewußt, daß auch hier ein Atemraum ist, den du vielleicht sonst gar nicht wahrnimmst ... Laß zu, daß dieser Atemraum sehr viel kleiner ist als die anderen ... Die Schultern bleiben gelöst ... Spür, wie sich der obere Teil der Lunge mit Luft füllt ...

Du kannst die Spür-Übung hier beenden – und später wiederholen. Fällt dir das Wahrnehmen der verschiedenen Atemräume leicht, dann kannst du sie miteinander verbinden und folgendermaßen fortfahren:

Lege eine Hand auf den Bauch und eine auf den Brustkorb ... Dann spüre zunächst deinen natürlichen Atem ... wie er ruhig fließt ... Intensiviere nun deine Atmung.

Du nimmst einen tiefen Einatemzug. Dabei wölbst du zuerst deinen Bauch nach vorn vor, bis er keine Luft mehr aufnehmen kann ... Dann atme weiter ein in die Flanken ... und schließlich hebe einatmend auch noch Brust- und Schlüsselbein ... Dabei zieht sich die Bauchdecke schon leicht ein.

Die Ausatmung geschieht in der gleichen Reihenfolge. Zunächst die Luft aus dem Bauch ausatmen, dann aus der Brust und zuletzt aus dem Schulterbereich ...
Zwischen Ein- und Ausatmen soll eine Pause eingeschaltet werden.

Atempause *(ausformulierte Anleitung)*
Nimm eine aufrechte Sitzhaltung ein ... und schließ deine Augen. Werde dir zunächst der Berührungsflächen zwischen Körper und Boden bewußt ... am Gesäß ... den Beinen ... den Füßen ... Versuche, evtl. körperliche Verspannungen durch kleine Veränderungen der Sitzhaltung zu beseitigen ...

Dann atme einmal tief ein und laß dich mit einem langen Ausatemzug – wie ein Seufzer – bewußt in dieser Haltung nieder ... Spür dabei den Ausatem bis tief in den Bauch ...

Mach dir bewußt, womit sich deine Gedanken beschäftigen ... Schau ihnen zu ... ohne sie festzuhalten ... Nimm deine Gedanken wahr und laß sie dann weiterziehen wie Wolken am Himmel ... Immer wieder ... laß sie los ... und weiterziehen ...
Richte deine Aufmerksamkeit nun immer mehr auf den Atem. Versuche, ihn dir bewußt zu machen, ohne ihn dabei zu verändern ... Nimm wahr, wo du den Atemvorgang spüren kannst? ... In den Schultern ... im Brustbereich ... im Bauch ... Spür genau hin, wie dein Atem geht. Geht er langsam ... oder schnell ... Ist er regelmäßig ... oder unregelmäßig ... flach ... oder tief? ...
Konzentriere dich nun auf die verschiedenen Atemphasen, indem du deine Aufmerksamkeit zunächst für eine kleine Weile nur auf das Einatmen richtest ... und dann auf das Ausatmen ... Vielleicht gelingt es dir, die damit einhergehenden unterschiedlichen Gefühle wahrzunehmen ...

Schließlich verweile mit deiner Aufmerksamkeit bei der Atempause. Spüre ganz achtsam immer wieder in diese Pause nach dem Ausatmen hinein ... Merke, ist sie lang ... oder kurz? ... Von welchen Gefühlen ist sie begleitet? ...

Verfolge, wie dein Atem ein- und ausströmt ... wie die Wellen des Meeres an den Strand fließen, kurz verweilen und wieder zurückweichen ... Vertraue dich diesem Rhythmus an und spür, wie er dich ruhig macht und mit frischer Kraft erfüllt ...

Beende die Übung, indem du noch einmal in deine Sitzhaltung spürst ... Nimm immer bewußter die Geräusche von außen wahr ... und bewege dann behutsam deinen Kopf (vielleicht mit einer zustimmenden Nickbewegung) ... Öffne deine Augen und löse die Sitzhaltung langsam auf.

Morgengruß

Mit diesem Morgengruß starten die Kinder ganz anders in den Tag. Der Ablauf wird je nach Kondition und Übung zwei bis drei oder sogar sechs Mal hintereinander durchgeübt. Mit jeder neuen Atemphase folgt die nächste Haltung. So wird der ganze Körper gespürt, gedehnt und bewußt wahrgenommen. Da die einzelnen Bewegungen leicht nachzuvollziehen sind, wird die Reihenfolge schnell verinnerlicht sein und das Üben mehr und mehr zu einem meditativen Einswerden von Bewegung und Atem. Nach dem Morgengruß sind die Kinder wacher und ausgeglichener.

AA 1   Sich (ein-) stellen und innehalten

EA 2   den Himmel begrüßen

AA 3   und die Erde

EA 4 gespannt auf den neuen Tag

AA 5 aufgehoben und getragen vom Boden

EA 6 genährt von der Luft

AA 7 ganz aufmerksam konzentriert sammeln

EA 8 aktiv da sein

AA 9 und immer wieder innehalten

Weiterführende Literatur zum Thema »Atem«

Manteufel, Eva / Seeger, Norbert: Selbsterfahrung mit Kindern und Jugendlichen. Ein Praxisbuch, Kösel Verlag, München 1992.

Middendorf, Ilse: Der erfahrbare Atem. Eine Atemlehre, Junfermann Verlag, Paderborn 1990.

Maschwitz, Gerda und Rüdiger: Stille-Übungen mit Kindern. Ein Praxisbuch, Kösel Verlag, München 1993.

Rücker-Vogler, Ursula: Kinder können entspannt lernen. Grundlagen und Übungen, Don Bosco Verlag, München 1993.

Vopel, Klaus: Reise mit dem Atem, aus der Reihe: Kinder ohne Streß, Iskopress Verlag, Hamburg ²1991.

Teml, Hubert: Entspannt lernen. Streßabbau, Lernförderung und ganzheitliche Erziehung, Veritas Verlag, Linz 1991.

Mandala malen

*In einem Spiegel
sich selbst aufsuchen
und begegnen.*

Mandala – Malen

Was ist ein Mandala?

Im weitesten Sinne versteht man unter einem Mandala eine Art Bild, das Figuren und Zeichen konzentrisch um eine betonte Mitte herum ordnet. Das Wort »Mandala« kommt aus dem indischen Sanskrit und heißt soviel wie »Kreis«. Es gilt in der indischen und tibetischen Tradition als uraltes Meditationszeichen, was nicht vordergründig als Kunstwerk verstanden werden will, sondern als Schaubild der seelischen Ganzheit eines Einzelnen (Mikrokosmos) aber zugleich auch Darstellung der überpersönlichen göttlichen Ordnung (Makrokosmos).

Überall auf der Welt findet man solche Zeichen und Symbole, die eine geheimnisvolle Anziehung auf Menschen ausüben. Auch in der christlichen Überlieferung ist es bekannt, z. B. das Radbild des Nikolaus von der Flüe oder auch Fensterrosetten mittelalterlicher Kirchen.

Was bewirkt Mandala malen?

*»Mandalas wirken wie Magnete
auf das widersprüchliche seelische Material in uns.«*

(C. G. JUNG)

Bei aller Einmaligkeit des Menschen entdeckt dieser doch auch viele Gemeinsamkeiten mit anderen Menschen und im Weltganzen. Das Mandala möchte eine Art Spiegel für den Suchenden sein. *Als Bild einer Ganzheit* bietet es dem Beschauenden und Meditierenden eine Möglichkeit, sich selbst und seine Tiefenschichten kennenzulernen. Die Psychologie meint, daß in gemalten Mandalas Strukturen der Seele zum Ausdruck kommen, die das Individuelle übersteigen und in den umfassenden Rhythmus des kosmischen Lebens einzubeziehen sind.

Bei uns im Westen haben in den letzten Jahrzehnten viele Menschen das Mandala als Meditationshilfe entdeckt, zum Anschauen, zum Malen, zum Auslegen mit Blumen, Sand, Steinen ... Auch wenn mehrere die gleichen vorgezeichneten Mandalaformen bekommen, wird doch im Ausmalen jedesmal ein ganz persönlicher Ausdruck gefunden.

Mandalas wollen dazu einladen, in einem Raum wohltuender Stille, evtl. begleitet von angenehmer meditativer Musik, betrachtend und malend immer mehr zur Ruhe und zu sich selbst zu kommen, ein Stück der eigenen inneren Welt anzusehen, bei ihr zu verweilen, mit ihr in Kontakt zu kommen (vielleicht in ein Zwiegespräch) und langsam einszuwerden mit ihr.

Mandalas haben immer etwas mit demjenigen selbst zu tun, der es betrachtet, malt oder legt, sich von dessen Gestalt mitnehmen läßt hin zur Mitte und wieder hinaus an den Rand oder gar über den Rand hinaus. Mandalas helfen bei der persönlichen Suche nach sinnvoller Lebensordnung und Lebensmitte.

Die Erfahrung hat gezeigt, daß viele, die glaubten, für Meditation und Stilleübungen nicht »geeignet« zu sein, gerade in diesem Tun Entspannung und erfüllte Stille erfuhren. Ein Mandala betrachtend und gestaltend wächst übertragen in der eignen Mitte Kraft und Erkenntnis.

Wer mit dem üblichen Malen seine Schwierigkeiten hat oder hatte, kann gerade bei diesem Weg eine ganz neue Seite an sich entdecken und die Freude im Umgang mit Farben und Formen wiederfinden. Denn es ist überhaupt nicht wichtig, ob das fertige Mandala »schön« ist. Wertungen in dieser Richtung sind hier völlig fehl am Platz. Der Prozeß der Entstehung des Mandala ist wertvoll, nicht ein Ergebnis.

Wie geht Mandala malen?
– Mandala malen braucht Zeit. Zeit zum Verweilen, Anschauen, Betrachten, Horchen nach Innen, Wahrnehmen ...
– Meditative Musik im Hintergrund kann das Entspannen und Kreativwerden erleichtern und überdeckt bei einer größeren Gruppe oder Klasse evtl. störende Malgeräusche.
– Besonders gut eignen sich Öl- oder Pastellkreiden, die sich mit den Fingern ineinanderreiben und vermischen lassen.
Welche Farbabstufung die ansprechendste ist, wird der Ruhe und Intuition überlassen.
– Ein Mandala muß nicht ganz ausgemalt sein. Auch weiße Flächen haben ihre Bedeutung. Es muß auch nicht an einem Stück gemalt werden, sondern kann immer wieder fortgesetzt werden. Dann hat es einen völlig anderen, nicht so sehr punktuellen, sondern mehr prozeßhaften Charakter.
– Ein Mandala kann auch zu zweit oder in einer Kleingruppe (schweigend) gemalt oder gestaltet werden.
– Mandalas können als Mandalafries an die Wand geheftet werden.
– Nach dem Mandalamalen tauschen sich die Teilnehmer in Kleingruppen oder im Plenum über ihre Erfahrungen aus. Sie stellen (freiwillig) ihr Mandala vor und deuten evtl. die Farbwahl, erzählen von Assoziationen und Erinnerungen, die ihnen dazu gekommen sind usw.

Übrigens: Bewertungen von Bildern oder psychologische Bildinterpretationen durch Gruppenmitglieder oder den Erzieher sind zu unterlassen! Möchte sich ein Erzieher für sich persönlich kundig machen oder weiter vertiefen, was Kinderzeichnungen ihm über die verbale Interpretation des Kindes hinaus noch sagen können, findet er weiterführende Literatur am Ende des Kapitels Phantasiereisen. Eventuelle Erkenntnisse über den Entwicklungsstand eines Kindes, spezielle Ängste oder Probleme sollten jedoch nie Gegenstand einer Nachbesprechung im Gruppenverband sein.

Mandala

*Du suchst deine Mitte
und kommst aus den Fernen.
Du willst die Einfachheit
und mußt die Vielfältigkeit annehmen.
Du willst einen Sinn herauslesen
und weißt doch nicht,
was unter deinen Händen entstand.
Du überlegst vielleicht nicht,
wenn du die Form wählst.
Du ahnst nur,
warum du die Farben aneinander reihst.
Du erkennst erschreckt oder beglückt:
Das war ich.*

*Und die anderen staunen
und rätseln
und freuen sich mit dir.
Und jeder ist du und ich.*

M. W. DE YUPANQUI

Literatur zum Mandala

C. G. Jung, Mandala. Bilder aus dem Unbewußten, Walter Verlag, Olten 1985.

Bruno Döring, Schenk dir ein Mandala! Bilder der Mitte zum Anschauen und Ausmalen, Verlag am Eschbach 1988.

ders., Schenk dir Stille! Eine Einladung, Verlag am Eschbach 1991.

Martin Brauen, Das Mandala. Der Heilige Kreis im tantrischen Buddhismus, DuMont Verlag, Köln 1992.

Rüdiger Dahlke, Mandalas der Welt. Ein Meditations- und Malbuch, Heyne Verlag, München 1986.

Ders., Mandala-Malblock. 72 ausgewählte Mandalas aus Ost und West und aus der Mitte, Edition Neptun, München o.J.

Jose und Miriam Argüelles, Das große Mandala-Buch. Mandala in Aktion, Aurum Verlag, Freiburg 1974.

Gerda und Rüdiger Maschnitz, Aus der Mitte malen – heilsame Mandalas. Anregungen für Kinder- Jugendliche und Erwachsene, Kösel, München 1996.

Preuschoff, Gisela, Kinder mit Mandalas zur Stille führen, Herder Spektrum.

Vollmer, Klausbernd, Farben – ihre natürliche Heilkraft. GU-Übungsbuch, Gräfe und Unzer, München [4]1994.

Mit Phantasie reisen

»Es gibt Menschen,
die können nie nach Phantasien kommen ...,
und es gibt Menschen, die können es,
aber sie bleiben für immer dort.
Und dann gibt es noch einige,
die gehen nach Phantasien und kehren
wieder zurück.
So wie du, Bastian.
Und die machen beide Welten gesund.«

MICHAEL ENDE, aus: Die unendliche Geschichte

Phantasie – ein doppelgesichtiges Wort

Manche Menschen verbinden mit Phantasie negative Vorstellungen, unlogische, irreale Trugbilder, Traumgebilde oder Hirngespinste, andere schätzen an ihr die positive mitreißende Kraft der Einbildung. Um die positiven Seiten der Phantasie weiß wohl nur derjenige, der der sie selbst erlebt hat. Es geht um die großartige Fähigkeit des Menschen, sich etwas vorstellen zu können. Es geht um die Einbildungs- und Vorstellungskraft, mit deren Hilfe er sich eigene, innere, immer wieder neue Bilder erschaffen kann.

Ausflüge in das Land der Phantasie

Phantasiereisen entstammen einer Methode, die ursprünglich aus der Gestalttherapie kommt. Seit den 80er Jahren werden unter dem Sammelbegriff »ganzheitliche Erziehung« verschiedene Methoden u. a. auch des Superlearnings und der Suggestopädie verbreitet, bei denen Phantasiereisen eine wichtige Rolle spielen. Heute wird die Methode auch in den unterschiedlichsten Richtungen der Psychotherapie angewendet, insbesondere beim ›katathymen Bilderleben‹ (siehe vertiefende Literatur).

Offene und gelenkte Phantasiereisen

Man unterscheidet offene Phantasiereisen ohne emotionale Auflage oder thematische Einengung (ähnlich dem Tagträumen) und gelenkte Phantasiereisen, bei denen themenspezifische Vorgaben gemacht werden, sich also beispielsweise bestimmte Situationen, Personen oder Gegenstände vor dem inneren Auge (ein-) zu bilden. Häufig anzutreffen ist auch der Begriff der »Imagination« (lat. Imago = Abbild, Vorstellung), womit die Einbildungskraft gemeint ist.

*Imagination
nennen wir die Befähigung,
mit geschlossenen Augen
Bilder aus dem eigenen Innern
aufsteigen zu lassen.
Die Welt des Banalen und Alltäglichen
wird durchstoßen
und es öffnet sich die Welt des Unbewußten.*

Das Wissen um die unterschiedlichen Aufgaben und Arbeitsweisen der beiden Gehirnhälften (Hemisphären) wird bei Phantasiereisen berücksichtigt. Sie regen die häufig ungenutzte rechte (intuitive, kreative, bildhafte) Hemisphäre an.

In der Phantasie reisen die Kinder nämlich z. B. auf eine Wiese, in den eigenen Körper, in den Wald. Die poetische Sprache der Phantasiereisen verhilft zu bildhaften komplexen Vorstellungen, so daß auch die jeweils passenden Geräusche »gehört«, Düfte »gerochen« oder der Untergrund »gefühlt« werden. Phantasiereisen unterstützen auf diese Weise das Sicheinfühlen der Kinder in eine bestimmte Person, ein Tier, oder eine Situation. Aus anderer, ganz neuer Perspektive wird die Welt (oder auch nur ein bestimmtes Thema) betrachtet und entdeckt. Statt einer ausschließlichen Besetzung der Köpfe werden Bauch und Gefühl zugelassen.

Die beschriebenen Bilder sind kein Muß. Man kann ihnen folgen, aber auch seinen eigenen Phantasien nachgehen. Es gilt die Regel:
Höre und sieh nur das, was aus deinem eigenen Inneren kommt!

Die Wirkung von Phantasiereisen

In einer Zeit, in der das Rationale häufig überbetont wird, bieten Phantasiereisen mit ihren positiven Eindrücken einen Gegenpol und wohltuende Erholungspause. Da sowohl die Atem- als auch Pulsfrequenz verlangsamen und die Anspannung der Muskeln nachläßt, wird häufig ein unbekanntes Wärme- oder Schweregefühl und eine tiefe Entspannung wahrgenommen.

Neben der Stärkung der Einbildungs- und Vorstellungskraft konzentrieren sich die Gedanken und kann das meist ungenutzte Potential positiver Gedankenkraft gestärkt werden und zu einer positiveren Lebenseinstellung verhelfen. Eigene Erfahrungen können zugelassen und eingeordnet werden. Das Selbstvertrauen wird gestärkt, neue Zukunftsperspektiven erprobt und Wachstumsimpulse gefördert. Statt Selbstentfremdung wird Ichfindung ermöglicht, wobei das Ich eher konzentriert als ichzentriert ist, so daß Eigenschaften wie Respekt und Liebe anderen und sich selbst gegenüber geweckt werden.

Inhalte Inhaltlich sind so gut wie keine Grenzen gesetzt. Sie können sowohl thematisch an ein (Unterrichts- oder Gruppen-) Thema angebunden werden, als auch ganz neu sein. Für Kindergarten, Schule und Gruppe sollten in der Regel positive Inhalte gewählt werden, so daß die Kinder ein positives Selbstkonzept von sich entwickeln können und mit Selbstvertrauen ihr Leben bewältigen lernen.

Neue Zukunftsperspektiven und Handlungsspielräume können je nach Alter der Gruppe aufgegriffen und in der Phantasie durchgespielt und erprobt werden. Für den Umgang mit Ängsten oder bedrohlichen Situationen empfiehlt es sich, »Helfer« oder »Beschützer« in Form von Phantasietieren oder -fähigkeiten, einem Licht oder ähnlichem zur Seite zu stellen. Da alle Phantasien mehr oder weniger das Unbewußte ansprechen, kann es vorkommen, daß ein Kind tiefer emotional berührt wird.

Diesem Kind ist ein wachsames Ohr und genügend Zeit zum Mitteilen seiner Erlebnisse entgegenzubringen.

Zum Umgang mit Störungen
Bei den ersten Erfahrungen mit Phantasiereisen kommt es immer wieder dazu, daß Kinder verlegen kichern, albern werden oder sich auf eine andere Art nicht einlassen. Das ist eine häufig natürliche Schutzreaktion auf die ungewohnte, fremde Lernsituation. Die Kinder brauchen etwas Zeit um vertraut zu werden. Es kann hilfreich sein, vor der Einführung über die Bedeutung der Phantasie zu sprechen und zum Beispiel bedeutende Sportler zu erwähnen, die Phantasiereisen als »mentales Training« durchführen. Auch das Aufgreifen und Integrieren von Störungen kann helfen, in der Art wie »Du mußt jetzt lachen, weil du ein lustiges Bild siehst«. Am erfolgreichsten ist jedoch häufig, sich als Leiter der Phantasieübung in die Nähe des oder der Kinder zu stellen, die noch Mühe haben, ihm vielleicht sogar eine Hand auf die Schulter zu legen. Die eigene Ruhe und Überzeugung überträgt sich auf die Kinder.

Aufbau einer Phantasiereise
In der Regel bestehen Phantasiereisen aus drei Phasen:
1. der Hinführung
2. der eigentlichen Phantasiereise und
3. der Rückführung
und evtl. anschließendem Austausch der Erfahrungen

1. *Die Hinführungsphase* dient der Einstimmung auf die nachfolgende Phantasiereise. Die Teilnehmer haben genügend Zeit, ihre momentane Verfassung wahrzunehmen, sich zu sammeln und zu entspannen. Dafür werden sie dort abgeholt, wo sie gerade sind, sowohl räumlich als auch gefühls- und stimmungsmäßig, mit ihrem Körper und dem Atem.
Möglichkeiten: kleine Körperreise, Schwereübung, Atemübung, Entspannungsübung etc., Übung aus der progressiven Muskelentspannung.
 Es empfiehlt sich, mit einem Wegmotiv einzusteigen. Das erleichtert aus Vertrautem in Neues zu gelangen und Abstand zu gewinnen.

Die Einleitung in eine Phantasiereise kann etwa so lauten:
Beispiel »Setzt euch ganz bequem auf den Boden. Verändert eure Sitzhaltung so lange, bis ihr es ganz angenehm habt. Dann holt tief Luft und atmet gründlich aus. Macht das einige Male und achtet dabei darauf, wo ihr euren Atem spüren könnt (Brust – Bauch?). Ich möchte euch gleich auf eine Reise mitnehmen. Schließt, wenn ihr könnt, dafür eure Augen und folgt einfach ganz aufmerksam meiner Stimme.«

oder: »Setz dich gemütlich hin und werde ganz still ... Dann spür in deinen Körper hinein ... spür mal die Körperstellen, mit denen du den Boden/Stuhl berührst ... Auflagefläche des Gesäßes ... der Beine ... den Kontakt der Füße zum Boden ... Laß dir genügend Zeit, dich in deine Haltung einzuspüren ...

Bevor du gleich deine Augen schließt, schau dich erst noch einmal ganz bewußt im Raum um ... nimm die Gruppe wahr ... deine Nachbarn ... den Ort, an dem du bist ... Schließe nun deine Augen und stelle dir dein Zuhause vor. Du stehst vor der Haustür und machst dich auf den Weg ... Geh in deiner Vorstellung die Straße entlang ... bis du einmal einen kleinen Pfad entdeckst, der dir vorher noch nie aufgefallen ist. Du beschließt, ihm nachzugehen ...«

2. *Vortragen der eigentlichen Phantasiereisen:*
Die Anleitung der Phantasiereise ist in der 2. Person Singular und im Präsens vorzutragen, weil dies für die Vergegenwärtigung der unmittelbaren Erfahrung am förderlichsten ist (»Du liegst auf einer Wiese ...«). Die Sprache sollte nicht dramatisierend oder suggestiv gefärbt sein, sondern eher monoton, beruhigend und entspannend wirken. Auf genügend lange Pausen ist zu achten.

Damit jedes Kind mit seinem bevorzugten Sinneskanal angesprochen wird, sollten während der Reise möglichst alle Sinne angesprochen werden. Hören, Riechen, Schmecken usw.

3. *Dann erfolgt die behutsame Rückführung* der Reisenden aus ihrer Phantasiewelt zurück in den Raum und Alltag.

Beispiel »Du kommst langsam in deinem Tempo wieder hier in den Raum zurück ... deine Augen bleiben noch geschlossen ... Stell dir den Raum hier vor ... erinnere dich an seine Einrichtung ... vielleicht an Einzelheiten ... Nimm die Geräusche wieder wahr, die hier in den Raum eindringen ... Spür auch die Temperatur des Raumes auf deiner Haut ... Fühle, wie du liegst/sitzt ... den Kontakt zum Boden/Stuhl, der dich trägt ... Nimm den Geruch des Raumes in deiner Nase wahr ... und bewege nun deine Hände und Füße ... Laß deinen Atem wieder tiefer werden ... und öffne vorsichtig die Augen ... Wenn du möchtest, räkel dich und dehn dich kräftig durch ... wie nach einem langen Schlaf ... Vielleicht hast du auch das Bedürfnis zu gähnen? ... Komm schließlich erfrischt wieder hoch in den Sitz/in unserer Runde an ...

4. *Eine Austauschphase* ist nicht unbedingt zwingend, wird aber von den Teilnehmer oftmals freiwillig herbeigeführt.

Im mündlichen Austausch erfahren die Teilnehmer, daß sie mit ihren Bildern, Erfahrungen, Ängsten und Wünschen nicht alleine sind. Unwillkürlich vergleichen sie ihre Empfindungen mit denen der anderen. Dadurch werden gemachte Erfahrungen relativiert, einsortiert und verarbeitet. Erfahrungen und Äußerungen anderer sollten dabei auf keinem Fall beurteilt oder bewertet werden!

Die Mitteilung und Verarbeitung kann auch auf andere Weise geschehen, beispielsweise durch das Schreiben einer Ich-Geschichte, Formulieren von Gedichten, Malen von Bildern, plastisches Gestalten mit Ton, Knete, Fimo oder den Ausdruck durch Tanz, Pantomime oder andere Bewegungen.

Noch ein *Tip* zum Schluß: Sollte die Gruppe sehr unruhig sein, gestalten Sie einfach den Anfang der Phantasiereise ebenfalls »unruhiger«, d. h. die Kinder rennen in Gedanken irgendwohin oder fahren mit dem Fahrrad eine sehr kurvige Strecke, usw. Holen Sie die Kinder stets dort ab, wo sie momentan sind und führen Sie sie dann behutsam in die Stille.

Gelenkte Phantasiereisen
(mit ausformulierten Anleitungen)

Am Wassersaum entlang

Vielleicht warst du in den Ferien schon mal am Meer. Stell dir nun vor, du gehst an einem wunderschönen sonnigen Tag barfuß am Strand spazieren. Du spürst, wie die Sonnenstrahlen dein Gesicht erwärmen ... deine Schultern ... den Rücken ... und den Bauch ... Du läufst durch weichen warmen Sand. Du spürst die feinen Sandkörner an deinen Füßen ... Die auslaufenden Wellen kühlen deine warmen Füße ... du hörst das Rauschen der Wellen ... riechst die vom Wasser salzige Luft ... und schmeckst sie an den Lippen ... So gehst du Schritt für Schritt ... immer weiter ... bis du langsam müde geworden bist ... und dich in den Sand setzt ... Du ruhst dich aus und schaust dabei aufs Meer ... du entdeckst die vielen blaugrün-Töne des Wassers ... und siehst den silbrig glänzend aufscheinenden Wellenspitzen zu ... Es ist inzwischen spät geworden. Die Sonne am Himmel hat sich rot verfärbt. Du schaust ihr zu, wie sie ganz langsam am Horizont ins Wasser sinkt ... Dabei beobachtest du die Verfärbung des Wassers ... rot, violett und schließlich wieder blau ...

Die Seifenblasenreise

Hast du auch manchmal das Bedürfnis, dich ganz von der Außenwelt mit all ihren Reizen abzuschirmen?

Dann schließ jetzt deine Augen und stell dir vor, es hat an deinem Zimmerfenster geklopft ... Du öffnest das Fenster, doch du kannst niemanden erkennen ... Dafür entdeckst du aber plötzlich ganz viele kleine und große Seifenblasen ... Sie schimmern in allen Farben des Regenbogens ... und schweben ganz leicht ... an dir vorbei ... immer höher in die Luft. Du siehst dir dieses Schauspiel einige Zeit fasziniert an ... und willst nach ihnen greifen ... Als du eine Seifenblase berührst, zerplatzt diese jedoch nicht, sondern öffnet sich ganz langsam ... In ihr ist ein großes, unsichtbares Bett, auf das du dich legst ... Du fühlst dich getragen und so wohl, wie schon seit langem nicht mehr ... Die riesige Seifenblase umschließt dich ganz ... Sie schützt dich vor der Außenwelt ... und keiner kann dir jetzt etwas anhaben ... Die Blase nimmt dich mit auf ihre Reise durch die Lüfte ... Du genießt dieses leichte, schwebende Gefühl immer mehr ... und schaust neugierig aus deiner Hülle heraus auf die Erde ... Nimm wahr, wo dich deine Seifenblase überall vorbeibringt ... Erkennst du etwas wieder ...? Oder ist dir alles fremd und neu ...? Laß dich einige Zeit überall dorthin tragen, wohin du möchtest ... und spür, wie du dich an den verschiedenen Orten oder bei den Menschen fühlst ... Wenn du genug hast, flieg zurück zu deinem Fenster ... Klopf dort sachte an die Seifenblasenwand. Die Seifenblase wird sich öffnen und dich ganz behutsam wieder absetzen ...

Unter der Dusche
Jeder kennt das entspannende wohltuende Gefühl, unter der Dusche zu stehen und den warmen weichen Wasserstrahl auf dem Körper zu spüren.
Schließ jetzt deine Augen ... und stell dir vor, du möchtest dich mit einer Dusche von allen Sorgen und Anstrengungen befreien ... Verfolge in deiner Vorstellung, wie du dich ganz gemütlich auszieht und Kleidungsstück für Kleidungsstück beiseite legst ... Beobachte, in welcher Reihenfolge du dies tust ... Wenn du ganz ausgezogen bist, sieh vor deinem inneren Auge, wie du die Dusche betrittst ... Du spürst den glatten, kühlen Boden an den Füßen ... dann drehst du den Wasserhahn so auf, daß ein großer, warmer, weicher Wasserstrahl auf deine Schultern kommt ... Nimm genau wahr, wie du dich ausgiebig von allen Seiten benäßt ... und dabei dem Plätschern des Wassers lauschst ... Jetzt nimmst du eine wohlriechende Seife und schäumst deinen Körper damit ein ... Jede Pore deiner Haut wird geöffnet und gereinigt ... Dann drehst du dich so hin und her, daß das Wasser den ganzen Schaum von deiner Haut abwäscht ... vom Kopf ... von den Schultern ... und Armen ... dem Rücken ... der Brust und dem Bauch ... vom Gesäß ... und den Beinen.
Gleichzeitig wäschst du auch alle Belastungen und Anstrengungen, all deinen Kummer ab ... Mit dem abperlenden Wasser wird alles Negative heruntergewaschen ...
Du bleibst noch unter dem Wasserstrahl stehen ... vielleicht gibt es eine Stelle an dir, die du besonders gerne reinigen und erfrischen möchtest ...

Wenn du lang genug geduscht hast, drehe den Wasserhahn wieder zu und steige erfrischt und munter aus der Dusche aus.

Phantasiereise in der Embryohaltung
Leg dich auf die Seite und zieh deine Beine nahe an die Brust. Du kuschelst dich ein und machst dich so klein wie ein Embryo im Mutterleib. Leg deinen Kopf in die Hände.

Stell dir jetzt vor, du bist für eine kurze Zeit wieder im Bauch deiner Mutter ... Um dich herum ist überall warmes, weiches Wasser, das dich schützt ... Das Wasser schmiegt sich zärtlich um dich herum ... Der Bauch deiner Mutter ist wie ein Kissen, auf dem du ruhst ... Deine Augen sind geschlossen und du hörst und spürst den Herzschlag deiner Mutter ... Ganz regelmäßig, langsam und dumpf geht das Pochen des Herzens ... poch ... poch ... poch ... immer wieder ... Du wiegst dich in diesem Geräusch, es tut dir gut ... Du weißt, du kannst dich darauf verlassen ... Es kommt immer wieder ... Vielleicht streichelt deine Mutter gerade ihren Bauch ... und somit auch dich ... du spürst, wie ihre Hand über dir Wärme und Liebe ausstrahlt ... Nimm wahr, was deine Mutter dir noch alles Gutes tut ...

Ich werde später herumkommen, und du kannst mir leise ins Ohr flüstern, wie es für dich war, wieder in Mutters Bauch zu sein. Und wenn du möchtest, kommst du wieder hier in den Raum zurück.

Phantasiereise »Winterlandschaft«
Eine Phantasiereise ist nicht nur entspannend und erholsam, sondern sie stoppt gleichzeitig auch für eine kurze Zeit den unaufhaltsam auf uns einstürzenden Fluß von Ereignissen und Reizen und weckt unsere eigenen inneren Bilder.

Wie wäre es z. B. mit einer Reise durch den ersten frischen Schnee: Leg dich bequem auf den Rücken ... schließ die Augen ... spür die Unterlage, auf der du liegst ... und entspanne deinen ganzen Körper ... laß ganz bewußt alle Muskeln los ... alle Spannungen heraus ... aus den Armen ... den Beinen ...

dem Gesäß ... dem Rücken ... dem Gesicht ... der Stirn ... den Augen ... dem Mund ... leg dich ganz bewußt immer mehr ab ... und spür, daß du getragen wirst ... Mit jedem Atemzug wirst du etwas ruhiger und entspannter ... Stell dir nun vor, du verläßt den Raum ... und betrittst eine Schneelandschaft ... die ganze Welt ist mit frischem, weißem Pulverschnee bedeckt ... Geh ganz langsam einige Schritte über den Schnee ... spür dabei den Schnee unter deinen Füßen ... hör das Geräusch deiner Schritte ... Schritt für Schritt ... ganz versunken wanderst du so durch eine wunderschöne Winterlandschaft ...

Du siehst Spuren von Tieren im Schnee ... der Weg führt dich vorbei an *schneebeladenen Bäumen* ... weißglänzenden Tannen ... an einem zugefrorenen See ... du atmest die klare, kühle Winterluft ... du fühlst dich wohl ... um dich herum ist Ruhe und Stille ... die Stille ist auch in dir ... Du bist nun schon sehr lange unterwegs, du spürst, daß du vom Wandern müde geworden bist ... deine Glieder sind ganz schwer ... da siehst du eine Bank am Wegesrand ... du machst es dir auf der Bank bequem und ruhst aus ... du schaust dir die Landschaft aus dieser Perspektive an ... du spürst die Stille der Umgebung ... diese Ruhe ist auch in dir ...

Weit, weit weg hörst du die Glocken einer Kirche ... das Läuten ist beruhigend und wohltuend, du lauschst intensiv hin ... dein Atem geht ganz ruhig und gleichmäßig ... du bist ganz entspannt, gelöst und ruhig ... du fühlst dich wohl in deiner Haut ...

Nimm dieses Wohlgefühl noch einmal ganz bewußt wahr und behalte es in Erinnerung, wenn du jetzt wieder hier in den Raum zurückkehrst ...

Bewege sachte deine Handgelenke ... deine Fußgelenke ... nimm dann einen tiefen Atemzug und strecke dabei deine Arme und Beine ... dehn dich kräftig durch und gähne herzhaft dabei ... öffne nun wieder deine Augen.

Mit allen Sinnen im Frühlingswald

Lege dich entspannt auf den Boden ... und schließe deine Augen ... Mache dir die Auflagefläche deines Körpers bewußt ... indem du aufmerksam in deine Körperrückseite hineinspürst ... von den Füßen ... über die Beine ... das Gesäß ... den Rücken ... die Arme ... Hände ... bis in den Kopf ...

Vertraue dein ganzes Körpergewicht dem Boden an der dich trägt. Dein Körper wird immer schwerer ... Du bist völlig entspannt ... Dein Atem geht ruhig und regelmäßig ... ein ... und aus ... und ein ... und aus ... Spüre, daß du mit jedem Ausatmen ein klein wenig tiefer in den Boden sinkst ... so, als wolltest du einen Abdruck im Boden hinterlassen ... Wie du so entspannt daliegst, hörst du eine Stimme, die dich auffordert, ihr zu folgen: Du verläßt den Raum ... und stehst mit einem Mal vor einem wunderschönen Frühlingswald ... Du bist überwältigt von dem frischen Grün der Blätter ... Du läßt den Anblick einige Zeit auf dich wirken ... die vielen verschiedenen Grüntöne ... die neu aufbrechende Natur ...

Nun gehst du in den Wald hinein ... am Wegesrand leuchten dir einige rote und gelbe Blumen entgegen ... der ganze Waldboden ist übersät mit einem weißen Blumenteppich ...

Du gehst mit langsamen, bedächtigen Schritten immer tiefer in den Wald hinein. Unter deinen Fußsohlen spürst du die weiche Erde ... bei jedem Schritt gibt der Grund etwas nach ... Du verfolgst ganz aufmerksam das Abrollen deiner Füße ... In deinen Nasenflügeln spürst du die klare, frische neuer Erde ...mit tiefen Atemzügen nimmst du den Duft in dich auf ... Du spürst, daß sich die Ruhe des Waldes auch in dir verströmt ... du fühlst dich wohl ...

In der Ferne hörst du Vögel zwitschern ... Du verfolgst die fröhlichen Melodien ... Du kannst mehrere Stimmen voneinander unterscheiden ... warme dunkle Töne ... und helles munteres Pfeifen ... vielleicht hörst du einen Specht klopfen ...oder einen Kuckuck rufen ... Im Unterholz nimmst du ein Rascheln wahr ... und kurz darauf siehst du, wie einige Tiere in aller Ruhe deinen Weg kreuzen ...

Dein Atem geht ruhig und gleichmäßig ... Du bist ganz entspannt und gelöst ... Du fühlst dich wohl hier in der Natur ... und nimmst den Frieden und die Harmonie dieses Ortes in dich auf ... Du beschließt, wieder hierher zu kommen ... Mit diesem Gedanken verabschiedest du dich von diesem idyllischen Ort ... und kommst langsam wieder zurück in diesen Raum ...

Bewege sachte deine Hände ... und Fußgelenke ... Laß deine Atmung tiefer werden ... und mit dem nächsten Einatmen nimm deine Arme über den Kopf ... Strecke und räkel dich kräftig durch ... und öffne dann deine Augen.

Ein stiller Teich

Vielleicht hast du schon einmal an einem kleinen Teich gesessen und hast in das ruhige Wasser geblickt. Diese Phantasiereise kann dir helfen, Ruhe und Stille eines Teiches zu erleben ...

Setze oder lege dich dazu entspannt hin ... schließe deine Augen. Mache es dir noch ein wenig bequemer ...

Stelle dir vor, du sitzt am Ufer eines kleinen Teiches ... Ein schöner Tag ..., Sonnenstrahlen spiegeln sich im Wasser ..., Bienen summen ..., es riecht nach frischem Gras ... Du blickst auf das Wasser ... ruhig ..., still ... liegt es da ... Nichts rührt sich mehr ... Du nimmst einen kleinen Kieselstein ..., wirfst ihn ins Wasser ..., hörst das Plätschern ... Kleine Wellen breiten sich aus ..., ziehen Kreise ..., immer weiter ... und verschwinden ... Der Teich ist wieder ganz ruhig ... glatt ..., still ... Und vielleicht sind in deinem Kopf noch störende Gedanken ... Du kannst sie gehen lassen, so wie die Wellen am Teich ... einfach ausklingen ...

Vielleicht möchtest du noch weitere Kieselsteine ins Wasser werfen ... die Wellen beobachten ... wie sie Kreise ziehen ... weiter ... und weiter ... dann verschwinden ...

Nun kommst du langsam ... in deinem Tempo ... wieder hierher zurück ... Du bewegst deine Finger ..., atmest etwas tiefer ein und aus ... Du dehnst und räkelst dich ... und öffnest deine Augen ... Du fühlst dich erfrischt und ausgeruht, als wärest du gerade aufgewacht ...

Ein schöner Tag

Manchmal gibt es Tage, an denen wir ganz glücklich sind. Wir freuen uns und sind rundherum zufrieden. Du kannst dich in dieser Phantasiereise an einen solchen glücklichen Tag erinnern und von seiner Kraft zehren ...

Lege dich dazu entspannt hin ... Schließe deine Augen ... Mache es dir noch ein wenig bequemer ... Stell dir vor, du liegst in deinem Bett ..., kuschelst dich in das weiche Kissen ... Und du machst das auch wirklich ... und rollst dich in die weiche Decke ... Du atmest ganz tief ein ... vielleicht seufzt du sogar ein paarmal, weil es so schön ist ... Ein wunderschöner Tag ist zu Ende gegangen ..., ein Tag, an dem du sehr glücklich warst ... Und du denkst zurück ... denkst an all das, was du erlebt hast ..., was dich glücklich gemacht hat ... und zufrieden ... Du spürst, wie dir dieser Tag noch heute Kraft schenkt und genießt dieses Gefühl von Glücklichsein ..., dann denkst du an die Menschen in deiner Nähe ... Und du schenkst ihnen etwas von deinem Glücklichsein ..., du strahlst es aus ... vielleicht als Wärmestrahl ... vielleicht in Form einer Farbe ... oder wie du magst ... und gibst ihnen auch ein wenig von deinem Glücksgefühl und deiner Kraft ... Nun kommst du langsam ..., in deinem Tempo ..., wieder hierher zurück ... Du bewegst deine Finger ... atmest etwas tiefer ein und aus ... Du dehnst und räkelst dich ... und öffnest deine Augen ... Du fühlst dich erfrischt und ausgeruht, als wärest du gerade aufgewacht ...

Angst verkleinern
In unseren Gedanken machen uns Personen, Dinge oder Ereignisse oft mehr Angst, als es notwendig ist. In dieser Phantasiereise kannst du üben, mit deiner Angst ein wenig spielerisch umzugehen ... Setze oder lege dich dazu entspannt hin ... Schließe deine Augen ... Mache es dir noch ein wenig bequemer ... Dein Atem geht ruhig und gleichmäßig ...

Du sitzt auf einer Bank am Waldrand ..., ruhst dich aus ..., entspannst dich ...

Blätter bewegen sich sanft im Wind ..., Vögel zwitschern ..., die Sonne scheint warm auf deine Haut ... Da hörst du ein Rascheln im Gebüsch ... es bewegt sich etwas ... du denkst, daß es ein schreckliches Tier ist ... Und in deiner Phantasie machst du es immer größer ... gefährlicher ... abscheulicher ...

Es faucht dich an ... du riechst seinen stinkenden Atem ... es wird riesiger ...

Und nun läßt du es schrumpfen ..., kleiner werden ..., winzig ... Ein liebes kleines Tierchen ... Du setzt es auf deine Hand ... betrachtest es von allen Seiten ...

Nun läßt du dieses Tier wieder ein wenig wachsen ... gerade so, daß es eine angenehme Größe erreicht ... Vielleicht magst du ein wenig mit dem Tier spielen ...

Nun verabschiedest du dich von diesem Tier ... gehst ganz leicht und frei nach Hause ... und erinnerst dich an dieses Erlebnis ...

Nun kommst du langsam ..., in deinem Tempo ..., wieder hierher zurück ... Du bewegst deine Finger ..., atmest etwas tiefer ein und aus ... Du dehnst und räkelst dich ... und öffnest deine Augen ... Du fühlst dich erfrischt und ausgeruht, als wärest du gerade aufgewacht ...

»Fußspuren«

Die Kinder werden aufgefordert, sich für die folgende Imagination so hinzusetzen, daß beide Füße mit dem Boden Kontakt haben, es sich bequem einzurichten, ggf. den Oberkörper auf der Tischbank abzulegen und, wenn möglich, die Augen zu schließen.

Richte deine Aufmerksamkeit nun hin zu deinen Füßen ... erinnere dich, welche Schuhe du heute trägst ... und bewege ein wenig deine Zehen, so daß du die Begrenzung durch die Schuhe spürst ... vielleicht die Bewegung deiner Füße in den Schuhen hörst ... und laß sie dann wieder ruhn ... Umfahre nun in der Vorstellung deine beiden Füße (Schuhsohlen) in deiner Lieblingsfarbe ... färbe dann auch deine Schuhsohlen ein ... und stell dir vor, du stellst dich mit diesen Schuhen hin ... Spür, wie dein ganzes Körpergewicht auf den Füßen ruht ... Wie sieht die Kontaktfläche deiner Schuhe auf dem Boden genau aus? ... Spür dafür genau in deine Füße hinein ... An welchen stellen stehen deine Füße schwer auf ... und drücken somit intensiver die Farbe auf dem Boden ab? ... Wo hast du nur leichten Kontakt? ... oder gar keinen Kontakt mit dem Boden? ... Wie sieht deine ganz persönliche Fußspur aus? ...

Die Schüler haben hier genügend Zeit, sich ihren Fußabdruck, die unterschiedliche Intensität an den einzelnen Stellen der Fußsohle usw. genau vorzustellen.

Jetzt unternimm einen kleinen Spaziergang ... und gehe mit deinen eingefärbten Schuhsohlen Schritt für Schritt ... von deinem Platz weg ... Richtung Tür ... Dreh dich dort noch einmal um ... und betrachte die

Spuren, die du im Raum hinterlassen hast ... Spüre dann in deinen Händen die Türklinke und drücke sie herunter ..., um die Tür zu öffnen ... Geh durchs Treppenhaus ... höre dabei in deiner Vorstellung jeden Schritt auf den Stufen ... verlass das Gebäude in dem Wissen, daß du mit jedem Schritt eine farbigen Abdruck auf dem Boden hinterläßt ... Bleibe mit deiner ganzen Aufmerksamkeit in deinen Füßen und gehe den Weg entlang ... Schau dir zwischendurch immer wieder deine Farbspur an, die du hinterläßt ... du merkst, wie sie mit der Zeit immer schwächer wird ... sie bleibt aber noch eine ganze Zeit zu erkennen. ... Als du keine Farbspuren mehr erkennst, hast du das Bedürfnis, dich auszuruhen ... und weil dir ja jetzt keiner mehr ‚auf die Spur kommen' kann, verläßt du den Weg ... und legst dich etwas abseits ... unter einen Baum ... oder an einen anderen geschützten Ort ... um auszuruhen ...

Die Schüler können hier etwas länger verweilen und nachspüren, was ihnen gut tut. Bei geübten Phantasiereisenden und Erwachsenen kann an diese Stelle intensiver gearbeitet werden ...

Nach einiger Zeit ... du fühlst dich gestärkt und erholt ... beschließt du aufzustehen und zurückzugehen ... Deine farbigen Fußabdrücke führen dich Schritt für Schritt den Weg zurück ... Du läufst dicht neben ihnen her ... immer kräftiger leuchtet dir deine Lieblingsfarbe am Boden entgegen ... du freust dich an ihr ... und gelangst so frohgemut zum Gebäude zurück ... läufst leichten Fußes die Treppe hoch ... öffnest die Tür ... und gehst durch den Raum ... an deinen Platz zurück ... setzt dich auf deinen Stuhl ... spürst deine Füße am Boden ... bewegst nochmal deine Füße in den Schuhen ... erinnerst dich, welche Schuhe du heute trägst, wie sie aussehen ... und öffnest dann behutsam die Augen ... um nachzuschauen, ob deine Erinnerung mit der Wirklichkeit übereinstimmt ...

Vielleicht möchten die Kinder von ihren Erlebnissen erzählen, von den Farben, den Spuren, ihrem Weg und wie sie ihre Erholungspause an dem geschützten Ort erlebt haben ...

Einladung

Unternehmen Sie zunächst einmal selbst zusammen mit Freunden/Innen oder Kollegen/Innen Reisen ins Land der Phantasie.
Erleben Sie ihre Möglichkeiten und sammeln Sie eigene Erfahrungen.

So könnte es gehen:
1. Überlegen Sie sich gemeinsam, wohin Ihre Phantasiereise gehen soll (Thema, Ziel).
2. Vergegenwärtigen Sie sich den Aufbau einer Phantasiereise.
3. Sammeln Sie gemeinsam Vorschläge zur Ausgestaltung und formulieren Sie dann entweder gemeinsam die Anleitung aus, oder aber teilen Sie sich die Hinführung, Reiseanleitung und Rückführung untereinander auf.
4. Wählen Sie einen aus Ihrer Gruppe aus, der Sie nun auf Ihrer Phantasiereise führt und anleitet.
5. Legen (oder setzen) Sie sich möglichst bequem hin und erleben Sie Ihre eigene Phantasiereise.
6. Im anschließenden Gespräch tauschen Sie Ihre Erfahrungen aus. Vermeiden Sie dabei persönliche Kritik und Wertung. Sie sind gemeinsam auf dem Weg!
7. Erst dann nehmen Sie den Fragebogen zur Hand und gehen die einzelnen Fragen gemeinsam durch.
8. Stellen Sie evtl. Verbesserungsmöglichkeiten für Ihre Phantasiereise fest.
9. Bedanken Sie sich bei Ihrem Reiseleiter sowie den Mitreisenden für deren Vertrauen und Offenheit.

Übrigens: Sollten Sie niemanden finden, mit dem Sie üben können, sprechen Sie sich Phantasiereise selbst auf Kassette. Anschließend legen/setzen Sie sich bequem hin und machen sich auf die Reise. Auch so können Sie viel lernen über die Art und Weise der Phantasiearbeit, deren wohltuende Wirkung, aber auch über störende Einflüsse und Hindernisse.

Fragebogen zur Selbstkontrolle

An den »Reiseführer«:
- Wie habe ich die Gruppe insgesamt erlebt?
  (Bereitschaft, Stimmungen ...)
- Wie habe ich mich während der Anleitung gefühlt?
- Wie habe ich meine eigene Anleitung erlebt?
- Was werde ich beim nächsten Mal anders machen? ...

An die »Gereisten«
- Was war besonders angenehm?
- War die Einstimmungsphase am Anfang angemessen?
  Konnte Entspannung gelingen? (Art der Entspannung, Länge, Intensität, Aufgreifen der Stimmung in der Gruppe ...)
- Welche Wirkung hatte die Anleitung in Bezug auf Stimme, Lautstärke, Tonfall, Sprechtempo, Pausen ...?
- War die Anleitung in sich stimmig?
  Oder gab es inhaltliche Brüche und Ungereimtheiten?
- Hat jemand die Übung nicht mitvollziehen können?
  Vermutliche Gründe?
- Welcher Wunsch besteht für eine nächste Phantasiereise? ...

An alle:
- Hat die Phantasiereise die Atmosphäre, Grundstimmung oder Beziehung zueinander irgendwie verändert? Und wenn, wie?
- Wie steht es um das Vertrauen und die Offenheit in der Gruppe? Sind Gefühle ein heikles Thema?
- Kann aus der Erfahrung etwas gelernt oder mit in den Alltag genommen werden?
- Worauf ist beim nächsten Mal rückblickend und zusammenfassend besonders einzugehen oder zu achten?

Biblische Phantasiereisen

Gerade auch Inhalte der Bibel eignen sich zum Imaginieren. Sie regen nicht nur unsere eigenen inneren Bilder an, sie enthalten selbst solche Urbilder. Die biblischen Urbilder wie zum Beispiel die Gleichnisse, bildhaften Vergleiche, Träume und Visionen drücken auf tief erspürte und erspürbare Weise die Freuden und Hoffnungen der Menschen sowie ihre Ängste und Zweifel aus. Es verbergen sich in ihnen eine tiefere Wahrheit und Botschaft, die es zu erspüren und entdecken lohnt.

Deren eigentlicher Aussagegehalt ergründet sich erst dann »wirk«-lich, wenn er nicht nur über den Verstand (und die rechte Gehirnhälfte) aufgenommen wird, sondern er sich ganzheitlich (also zusätzlich auch über die linke, kreative, nonverbale, symbolische Gehirnhälfte) zeigen darf. Bilder erreichen andere Schichten im Menschen als Worte. Gerade auch Kindern erschließt sich durch das Imaginieren von biblischen Geschichten deren Gehalt viel unmittelbarer. Ihr aktueller Bezug wird erlebbar. Dann handelt es sich nicht mehr nur um interessante, aber alte, längst vergangene Erlebnisse von Menschen damals. Im Gegenbeil. Die Erfahrungen dieser Menschen mit Gott werden auf dem eigenen Lebenshintergrund neu erspürt und »gesehen«, sie werden so lebendig und existentiell bedeutsam. Es geht dann auch um meine Geschichte und meinen Weg mit Gott.

Jesus hat wohl gerade aus diesem Grund gerne in Bildern und Bildgeschichten zu seinen Zuhörern gesprochen. Es sprach in ihnen innere Vorstellungen an, die vielleicht erst dadurch dann überhaupt ins Bewußtsein aufstiegen und erkannt werden konnten. Sie brachten so innere Prozesse in Gang und vermochten zu trösten, zu heilen oder zu versöhnen.

Bei biblischen Phantasiereisen geht es also darum, Kontakt aufzunehmen mit den eigenen inneren Bildern, die durch die biblischen Bildergeschichten angesprochen werden. Es geht um ein tiefes Erleben dessen und ein echtes Angesprochenwerden von der heilenden Botschaft, die Gott uns anbietet.

Die Emmausgeschichte (Lk 24)
Diese Phantasiereise läßt das Kind mit den Emmausjüngern unterwegs sein.

... Du gehst mit einem Freund / einer Freundin einen Weg entlang ... Du spürst den Weg unter deinen Füßen ... nimmst das Wetter wahr ... (vielleicht ein warmer Frühlingstag?) ... Dein Freund und du ... ihr schweigt eine ganze Zeit ... du hörst vielleicht Vögel und andere Geräusche ... und du bist ganz in Gedanken versunken ... Als ihr schon länger unterwegs seid ... begegnet euch eine freundliche, aber unbekannte Person ... die fragt, ob sie mit euch zusammen weiterlaufen darf ... Du und dein Freund habt nichts dagegen ... und so geht ihr einen Weg zu dritt ... Du spürst einen Moment, daß dir der Fremde irgendwie gekannt vorkommt ... bekannt und vertraut ... Da spricht diese Person dich an und fragt, wie es dir im Moment geht? ... was dich beschäftigt ... wovor du Angst hast ... und auch wonach du dich sehnst ... Du bist überhaupt nicht überrascht darüber ... sondern erzählst ihm von deinen Zweifeln, Ängsten, Sorgen ... Ihr kommt ins Gespräch ... und schweigt auch immer wieder eine Zeit lang ... Der Weggefährte versteht dich so gut, daß dir ganz warm ums Herz wird ... Du bist innerlich angerührt von ihm ... und möchtest ihn gerade fragen, wer er ist, da merkst du, daß ihr bereits am Ziel des Weges angekommen seid ...

Vertiefungsmöglichkeiten
- Die Kinder malen sich selbst auf dem Weg.
  Anschließend zeichnen sie große Sprechblasen vom Mund weg ... Gedankenblasen über den Kopf ... und Gefühlsblasen in Herzhöhe.
  In diese Blasen schreiben sie all das, was sie im Kontakt mit ihrem Wegbegleiter gedacht, ausgesprochen und gefühlt haben.
- Imagination einer oder mehrerer der folgenden Verse:
  »... Jesus nahm das Brot, sprach den Segen, brach das Brot und gab es ihnen.«
  »Da erkannten sie ihn. Er aber entzog sich ihren Blicken.«
  »Und sie sagten zueinenader: »Brannte uns nicht das Herz, als er auf dem Weg mit uns ging ...?"

- Gemeinsam im Gespräch einem Aspekt nachgehen, z.B.
- Erkennen heißt nicht sehen.
- Wie war das, als mir warm ums Herz wurde? Warum?

Jakobs Traum

... Du bist zu Fuß unterwegs ... auf einem Weg, den du kennst ... Du gehst schon eine ganze Zeit und spürst, daß deine Füße müde werden ... Der Weg, der dir so vertraut ist, strengt dich heute irgendwie an ... (vielleicht atmest du schneller und spürst dein Herz klopfen ... oder? ...) ... Es fängt mittlerweile an zu dämmern ... und du beschließt, eine kurze Rast einzulegen und dich auszuruhen ... Da entdeckst du etwas weiter am Weg einen großen Stein ... Einen Moment wunderst du dich über ihn, er ist dir bislang noch nie aufgefallen ... Er sieht einladend aus und du gehst auf ihn zu ... du schaust ihn dir genau an ... und deine Hände befühlen ihn ... (in deinen Handflächen spürst du seine Oberfläche, die warm und angenehm glatt ist ...) ... Erschöpft von deiner Wanderung/deinem Tag/ ... setzt du dich auf die Erde und lehnst dich an den großen Stein an ... Um dich herum hörst du nur das leise Surren von Insekten, das Zwitschern der Vögel und hin und wieder mal ein Rascheln am Boden ... Du spürst, wie du immer mehr zur Ruhe kommst ... dein Atem geht langsam und regelmäßig ... deine Arme und Beine werden schwer und schwerer ... und auch deine Gesichtszüge entspannen sich ... Du nimmst gerade noch wahr, daß deine Augenlieder schwer nach unten fallen, als du deinen Kopf auf den Stein sinken läßt und ablegst wie auf einem Kissen ... Du schläfst ein ... und träumst ... Im Traum hörst du einmal eine Stimme, die zu dir spricht und sagt ...: »Ich bin bei dir, ... ich werde dich behüten überall, wohin du gehst!« ... Du läßt jedes einzelne Wort in dir nachklingen ... und spürst ihre Bedeutung (Wirkung) nach ... »Ich bin bei dir!« ... »Ich werde dich behüten überall, wohin du gehst!« ...

Plötzlich wirst du wach ... Dir wird klar, daß du eingeschlafen sein mußt ...

Du bleibst noch eine Zeitlang sitzen und denkst darüber nach, was du im Traum gehört hast ... was du gesehen und erlebt hast ...

Dann machst du dich auf den Rückweg ... und kommst wieder ganz hier an ...

Vertiefungsmöglichkeiten
- Die Kinder drücken mir Farben ihre Stimmung und ihr Lebensgefühl vor, während und nach dem Traum aus.
- Die Kinder tauschen sich darüber aus, was der Satz in ihnen bewirkt hat: »Ich bin bei dir!« bzw. »Ich beschütze dich, egal wohin du gehst!«
Die Erfahrungen der Kinder werden auf vorbereiteten Karten notiert und kreisförmig auf ein großes Plakat geklebt.
Im Anschluß daran wird die entsprechende Bibelstelle von Jakob vorgelesen.
In der Mitte des Plakates wird festgehalten:

Gott spricht:
Ich bin bei dir
und beschütze dich überall,
egal wohin du gehst!

- Die Kinder sprechen ein freies Gebet.
- Die Kinder schreiben mit speziellen Stiften den Vers (s.o.) auf ihren Stein.
- Steinmeditation
- über Steine und ihre Bedeutung sprechen und vielleicht einen Steingarten / eine Steinsammlung anlegen.
- Jakobs Schlafstein wird zum »Denkstein«. Jakob richtet ihn zum Altar und benetzt ihn mit Öl. Der Stein wird damit zum Symbol der Anwesenheit Gottes.
Die Kinder hören diese Verse der Bibel und bestreichen ihren Stein mit Öl. Sie danken Gott und nehmen den Stein mit. Er wird für sie zum »Erinnerungsstein« an die Zusage Gottes.

Der Prophet Elija unter dem Ginstebusch (1Kön19,1-8)

... Du gehst einen Weg entlang ... schon eine ganze Zeit lang ... Du spürst, daß du eigentlich sehr müde bist ... Jeder Schritt strengt dich an ... du atmest tief ... Hinter dir liegt eine anstrengende Zeit ... Aus der Ferne hörst du noch all die Stimmen von denen, die von dir etwas wollen ... etwas verlangen ... Sie erreichen dich nicht mehr ... denn du fühlst dich kraftlos ... (lustlos ... überfordert ... ausgebrannt ...) ...

... Während du dich so dahinschleppst und deine Situation bejammrst, entdeckst du am Wegesrand einen Ginsterbusch ... und du beschließt, dich unter seinen Ästen auszuruhen ... Du läßt dich schwer auf dem weichen Boden nieder ... und schläfst dann erschöpft ein ... Du liegst eine lange Zeit da ... schläfst tief und fest ... bis dich irgendjemand angerührt haben muß ... denn du erwachst und hörst von irgendwoher eine angenehme Stimme ... die zu dir spricht ... »Steh auf und iß! ... Stärke dich!« ... Du bist überrascht ... und schaust dich um um zu sehen, woher die Stimme kommt ... Du dachtest schon, daß du nur geträumt hast, ... da entdeckst du neben deiner Schlafstelle etwas zu essen und zu trinken ... Erfreut nd dankbar stärkst du dich davon ... Mit jedem Bissen und Schluck kehren deine Lebensgeister zu dir zurück. ... Du fühlst dich jetzt wieder lebendiger und kräftiger ... Ausgeruht und gestärkt beschließt du, dich wieder auf den Weg zu machen ... und zurückzukehren zu deinen Aufgaben. ...

Vertiefungsmöglichkeiten
- Die Kinder drücken zunächst malerisch ihr Erleben aus, unter dem Ginsterbusch liegen zu dürfen und versorgt zu werden.
- Die entsprechende Bibelstelle 1Kön19,1-8, wird vorgelesen.
Das eigene Erleben wird in Bezug zu Elijas Erfahrung mit dem Engel betrachtet.
Gott schickt durch einen Engel »Lebenskraft und Nahrung«.
- Die Kinder werden sellbst zu Boten Gottes und verwöhnen und stärken sich gegenseitig (z.B. schenken sich Schülerpaare jeweils gegenseitig eine Tennisballmassage) und spüren nach, was es heißt: Du bist ein Engel!
- Fortsetzung der Elija-Geschichte 1Kön19,9-13a.

Elija am Gottesberg Horeb (1 Kön 19,9–13a)

Dein Weg rührt dich aus einem Wald ... heraus ... in eine steinigere Umgebung ... Daß der Weg etwas bergauf geht, stört dich nicht ... denn du fühlst dich gut gestärkt ... Während du immer wieder mal ganz beiläufige Geräusche aus der Natur vernimmst ... ein Rascheln am Boden ... ein Piepsen von Vögeln ... merkst du, daß sich tief in dir drin eine Erwartung meldet ... eine Erwartung, die du noch nicht näher beschreiben kannst ... Du spürst, daß irgendetwas passieren wird ... ohne zu wissen, was ... Du nimmst deinen Atem wahr, wie er kommt und geht ... und sich deinen Schritten angepaßt hat ... Während du so ganz eins bist ... näherst du dich einem Stein, der einen Eingang zu haben scheint ... Als du bei ihm bist, siehst du, daß du am Eingang einer Höhle angelangt bist ... Du bist neugierig ... voller Erwartung ... und trittst hinein ... In der Höhle ist es wohlig warm und behaglich ... Du fühlst dich sofort geborgen ... und geschützt ... Du setzt dich inmitten der Höhle hin und schaust hinaus ... nach draußen ... ins Licht ... Dort beginnt gerade ein Sturm ... er weht und heult dort draußen an dir vorbei ... und du beobachtest seine ganze Kraft ... Du fragst dich: Ist Gott wohl in diesem Wind? ... Dann beginnt auch noch die Erde dort draußen vor der Höhle zu beben ... Steinbrocken rollen den Berg herunter ... Und du fragst dich: Ist Gott in diesem Erdbeben zugegen? ... Dann fegt ein Feuer am Eingang der Höhe vorbei ... Ist Gott vielleicht in dem Feuer? ... Du spürst gerade in dir drin, daß das nichts mit Gott zu tun hat ... da wird es mit einem mal ganz leise ... von jetzt auf gleich ganz still ... und ein sanftes, zärtliches, stilles Säuseln umhüllt dich ... Du spürst die Kraft dieser Stille ganz deutlich ... und ahnst ... in der Stille ... und dem Schweigen ... ist Gott dir nah ... und zeigt sich dir ...

- Die Kinder sprechen über die verschiedenen Erscheinungen und erleben nach, daß Gott nicht ein Gott der Zerstörung ist.
- Die Kinder malen sich aus der Stille heraus in der Höhle sitzend und umhüllt von diesem zärtlichen Schweigen und Säuseln.

Gott ist wie ein guter Hirte (Psalm 23)

Du bist draußen in der Natur ... Es ist ein schöner Tag ... (doch du fühlst dich trotzdem irgendwie allein ... einsam ...) Du beschließt, zu dem Feld zu laufen ... auf dem oft ein Hirte mit seiner Herde steht ... Schon von weitem hörst du das Blöken der Schafe ... und ab und zu das Bellen von einem der Schäferhunde ... Als du dich näherst, riechst du in der Nase den ganz typischen Geruch der Tiere, den du so sehr magst ... Du streichelst eines der Schafe ... spürst das weiche haarige Fell in deinen Händen ... und hälst Ausschau nach dem Hirten ... Der ist am anderen Ende der Herde und beginnt gerade damit, seine Schafe auf eine andere Weide zu führen ... Die ganze Herde setzt sich in Bewegung ... und du gehst einfach mit ... folgst ihr ... Der Weg geht zunächst über Feldwege ... und dann über eine Wiese ... Von dort aus gelangst du zu einem Bach ... Du siehst, daß sich der Hirte an der Quelle des Baches niederläßt ... und gehst zu ihm hin ... Du freust dich, ihn anzutreffen ... Ihr verweilt eine ganze Zeit an der Quelle ... bis der Hirte dich und die Herde in ein Tal führt ... Das Tal wird immer enger ... und auch dunkler ... und kühler ... Wenn du nach oben schaust, siehst du die Sonne noch ... aber ihre Wärme ist im Moment nicht zu spüren ... Doch du hast Vertrauen zu dem Hirten ... und folgst immer weiter ... bis zum Ende des Tales ... Dort tut sich eine weite ... grüne ... helle Ebene auf ... Wohin dein Auge auch schaut, du siehst grüne saftige Wiesen ... Der Hirte lädt dich ein, mit ihm gemeinsam auszuruhen und dich zu stärken ... Er breitet seine Decke aus ... und teilt sein Proviant mir dir ... Du sitzt mit ihm gemeinsam an diesem schönen Flecken Erde ... und spürst, wie du auftankst ... und Kraft schöpfst ... Die Schafe grasen zufrieden ... ab und zu kommt einer der Hunde zu euch ... und erhält vom Hirten ein Stück Wurst ... Du genießt diese friedliche Stimmung ... die Sonne ... und vor allem die Anwesenheit des Hirten ... Du unterhälst dich mit ihm ... und spürst, daß er dich sehr mag ... Der Hirte lädt dich ein, wann immer du möchtest, zu ihm zu kommen ... mit ihm zu gehen ...und bei ihm zu sein ... (Du fühlst dich jetzt nicht mehr allein ...) Überglücklich über diese Einladung verabschiedest du dich ... und machst dich auf den Heimweg ... Du beschließt, die Freundschaft zu dem Hirten zu pflegen ...

Vertiefungsmöglichkeiten
- Die Geschichte nachspielen
- Eine Szene malen, die den Kindern besonders wichtig ist
- Die Geschichte von den Kindern als Rückenmassage-Geschichte noch einmal »nacherzählen« lassen (siehe Kapitel »Wiederentdeckung der Sinne«)
- Imagination einer oder mehrer der folgenden Verse:
 »Gott ist für mich wie ein guter Hirte«
 »Gott führt mich auf sicheren Wegen und gibt mir neue Kraft«
 »Geht es auch durch ein dunkles Tal, ich habe keine Angst, denn du, Gott, bis ja bei mir«
- Gemeinsam überlegen, wie man die Freundschaft zu dem Hirten pflegen kann – auch und gerade im übertragenen Sinne zu Gott. Evtl. im Anschluß ein Gebet frei sprechen oder den Psalm beten.

Der Gang in eine Pyramide

Diese Phantasiereise läßt sich u.a. gut unternehmen, wenn die Kinder sich mit dem leidenden Israel in Ägypten beschäftigen.

Setz dich gerade und bequem hin ... und stell deine Füße beide fest auf dem Boden auf ... Wenn du kannst, schließ deine Augen ... und versuche dich zu erinnern, welche Schuhe du im Moment trägst ... Spür hin zu deinen Füßen ... und bewege deine Zehen ein wenig ... und fühle die Begrenzung deiner Füße durch die Schuhe ... Stell dir jetzt vor, du gehst von deinem Platz aus Richtung Tür ... durch den Flur ... aus dem Haus ... Während du weitergehst, merkst du, daß der Boden unter deinen Füßen etwas nachgiebig ist ... und weich ... Und du schaust zu deinen Füßen hin und siehst, daß du jetzt mit Sandalen auf sandigem Boden gehst ... Du spürst mit jedem Schritt den weichen, warmen Boden unter dir .. Die Sonne scheint dir warm ins Gesicht ... ein leichter Windzug streift angenehm an deiner Kleidung vorbei ... Während du das alles so wahrnimmst, wird dir klar, daß du in der Wüste bist ... in Ägypten ... In der Ferne siehst du Palmen ... und eine Kamelkarawane ... und dann tauchen vor deinem Auge die Pyramiden auf ... in ihrer ganzen gewaltigen Größe und Schönheit ... und du beschließt, in eine der Pyramiden hineinzugehen ... Dort angekommen setzt du erste ehrfürchtige Schritte in das alte Bauwerk ... und bemerkst, daß du eine andere Welt betrittst ... Es fällt nur noch ein wenig Tageslicht von draußen ein ... aber deine Augen entdecken an den Wänden wunderschöne Malereien ... in gelb braunen Sandtönen ... Du schaust sie fasziniert an ... und betastest sie vorsichtig mit den Fingerspitzen ... Während deine Hände so an den Wänden vorbeistreichen, fällt dir auf, daß keine Geräusche von außen mehr wahrzunehmen sind ... es ist ungewohnt still ... wohltuend ... Du hörst nur noch deinen Atem ... und deine eigenen Schritte ... und beobachtest, wie sich deren Klang verändert, wenn du jetzt in einen der schmalen Gänge gehst ... Du kommst an einem Luftschacht vorbei ... und gelangst immer tiefer in die Pyramide hinein ... Der fremnde Geruch dieses Bauerwkes steigt dir in die Nase ... Die Gänge werden schmaler ... und die Decke über dir immer niedriger ... und du überlegst, ob du weitergehen sollst ... Doch deine Neugier siegt über die Angst ... und du gehst noch ein paar Schritte tiefer ... da gelangst du mit einem Mal in eine große, von goldenem Licht durchflutete Kammer ... Du läßt deinen Blick streifen und ahnst, daß du in die Königskammer vorgedrungen bist ... und setzt dich in sie hinein ... und läßt ihre geheimnisvolle, faszinierende Atmosphäre auf dich wirken ... Du Spürst, daß der Raum auf dich eine stärkende, belebende Wirkung hat ... und atmest mit jedem Atemzug die Kraft dieses Ortes in dich ein ... Du mußt eine lange Zeit still und ganz versunken da gesessen haben... Bevor du dich auf den Rückweg machst, beschließt du, dir einen der wunderschön glänzenden Steine dieser Königskammer mitzunehmen .... Du steckst ihn dir in deine Hosentasche ... und machst dich auf den Rückweg ... Während du die Gänge entlang gehst ... befühlt eine deiner Hände die ganze Zeit den Stein in deiner Tasche ... Er ist warm ... glatt und du meinst, daß von ihm die gleiche Kraft ausgeht, wie du sie in der goldenen Kammer gespürt hast ... Du näherst dich dem Ausgang der Pyramide ... an dein Ohr gelangen schon wieder Geräusche von außen und dann fällt auch schon das erste Tageslicht hinein ... Mit einem großen Schritt gelangst du jetzt nach draußen ... und gehst über den Sand zurück ... den Weg, den du gekommen bist ... Mit jedem Schritt wird der Boden unter deinen Füßen jetzt wieder härter ... und da liegt vor dir auch schon wieder das Haus (die Schule ...) ... du fühlst in deiner Hand den Stein ... und gehst glücklich durch den Flur ... zur Tür ... durch den /Gruppen-, Klassen-)Raum auf deinen Platz zu ... Du bewegst deine Zehen ein wenig ... spürst deren Begrenzung ... und dir wird klar, daß du jetzt wieder deine Schuhe anhast ... Du machst dir bewußt, daß du jetzt wieder sitzt und öffnest behutsam deine Augen ... schaust dich um ... und kommst wieder ganz hier an ...

Vertiefungsmöglichkeiten
- Die Kinder berichten sich gegenseitig von dem Erlebnis in der Königskammer.
- Sie malen sich in der Königskammer oder/und mit ihrem Kraftstein.
- Die Kinder schreiben eine Geschichte über ihren Pyramidenbesuch in ihr Traumtagebuch/Klassengeschichtenbuch.
- Die kinder erhalten jeder einen kleinen Stein als Erinnerung daran, daß sie jederzeit diesen Kraftort in ihrer Phantasie wieder aufsuchen können.

Versuchen Sie es doch einmal selber!
Die Bibel steckt voller Geschichten, die sich dazu eignen, als Phanntasiereise nachvollzogen zu werden. Es ist gar nicht so schwer, wie sie vielleicht meinen. Sie können den hier aufgeführten, ausformulierten Beispielen folgen oder sich mit Hilfe der folgenden Anregungen auf einen eigenen Weg machen:

Moses und der brennende Dornbusch (Ex 3)

du ... in der Wüste ... allein ... sprichst mit deinen Tieren ... mit deiner Herde durch die Steppe unterwegs ... vor dir liegt ein Berg im Dunst ... plötzlich am Wegesrand ein ungewöhnlicher Rauch ... näheres Hinsehen ... ein Busch brennt ... woher kommt das Feuer? ... Blitz? ... Sinnestäuschung? ... näher ansehen ... und plötzlich eine Stimme aus dem Busch: »Komm näher, zieh deine Schuhe aus, denn der Boden, auf dem du stehst, ist heilig. Ich will dich und die Menschen befreien.« ... erschrocken ... fasziniert, daß der Busch brennt, aber nicht verbrennt ... spürst du, daß etwas Besonderes vor sich geht ... fragst, wer die Stimme ist? ... die Stimme antwortet: »Ich bin der, der da ist für dich!«. Nachspüren, wie sich diese Zusage anfühlt ... Busch brennt nicht mehr ... vertraust auf das Gehörte ... entfernst dich und machst dich auf den Heimweg ... mit dieser Erfahrung und Botschaft.

Vertiefungsmöglichkeiten
- Imagination eines oder mehrer Verse:
  »Gott spricht: Ich kenne dein Leid. Ich bin gekommen, um dich an der Hand zu führen in ein schöneres Land.«
  »Gott anwortet auf die Frage, wie er heißt: Ich bin der Ich-bin-da!«
- Der Zusage nachspüren: »Gott spricht: Ich bin bei dir.«
- Symbol Feuer

Fürchte dich nicht: Ich habe deinen Namen eintrtragen in meine Hand. Du bist mein.

Spaziergang – Teich – Bank – Pause – Stimme – »Fürchte dich nicht! Ich habe deinen Namen eingetragen in meine Hand. Du bist mein« – nachdenken darüber – ansehen, wie sich diese Zusage anfühlt – aussieht – damit nach Hause zurückkehren.

Vertiefungsmöglichkeiten
- Bildbetrachtung
- diese Zusage der Geborgenheit in Ton umsetzen/ausdrücken

Jesus ruft die Kinder zu sich (Mk10,13-16)
Imagination: sich überflüssig oder unwichtig fühlen – selbst zum Besucher bei Jesus werden ... willkommen und wichtig sein – sich segnen lassen.

Bartimäus sitzt am Weg (Mk10,4-52)
Blindenspiele und Übungen (s.Kapitel »Sehen«)
Imagination der Bartimäusgeschichte: selbst am Weg sitzen und nicht sehen können – sich anrühren lassen – etwas neu sehen können – Text von Steinwede – Gebet.

Hirten auf dem Feld (Lk2,1-20)
Imagination der Botschaft: »Gott schickt einen Heiland. Gott hat die Menschen lieb!«
- Ich bin das Licht der Welt (Joh 8,12)
- Abraham vertraut auf Gott (Gen 12)
- David kämpft mit Goliath (1Sam 16)
- u.v.m.

Weiterführende Literatur zum Thema »Phantasiereisen«

Day, Jennifer: Schließe deine Augen und stell dir einmal vor. Wie Kinder durch Visualisieren ihr Selbstvertrauen stärken und Probleme lösen, Kösel, München 1996.

Ehrlich, M. / Vopel, K.: Phantasiereisen – Wege des Staunens. Übungen für die rechte Hemisphäre, Iskopress Verlag, Hamburg 1987.

Leuner, Hanscarl: Das Katathymes Bilderleben (Symboldrama) in der Psychotherapie von Kindern und Jugendlichen, Huber Verlag, Bern ³1990.

Niederprüm, Iris: Bilder, Märchen, Phantasiereisen, Verlag an der Ruhr, Mühlheim 1991.

Müller, Else: Du spürst unter deinen Füßen das Gras. Autogenes Training in Phantasie- und Märchenreisen, Fischer Verlag, Frankfurt 1993.

Murdock, Maureen: Dann trägt mich meine Wolke. Wie Große und Kleine spielend leicht lernen, Bauer Verlag, Freiburg ³1990.

Preuschoff, Gisela: Kinder zur Stille führen. Meditative Spiele, Geschichten und Übungen, Herder Verlag, Freiburg 1996.

Singer, J. L.: Phantasie und Tagtraum. Imaginative Methoden in der Psychotherapie, Pfeiffer Verlag, München 1978.

Teml, Helga und Hubert: Komm mit zum Regenbogen. Phantasiereisen für Kinder und Jugendliche, Veritas Verlag, Linz ³1993.

Teml, Helga: Phantasiereisen in der Arbeit mit verhaltensauffälligen Schülern. Hausarbeit zum Lehrgang für Lehrer an Sondererziehungsschulen, Pädagogisches Institut Linz 1989.

Vopel, Klaus: Im Wunderland der Phantasie. Aus der Reihe: Kinder ohne Streß, Iskopress Verlag, Hamburg ²1991.

Ders.: Denken wie ein Berg, fühlen wie ein Fluß, Iskopress Verlag, Hamburg 1991.

Weiterführende Literatur zum Thema »Bildanalyse«

Ave-Lallement, Ursula: Der Baumtest. Mit einer Einführung in die symbolische und graphologische Interpretation, Walter Verlag, Olten 1976.

Dies.: Kinder zeichnen ihre Eltern, Walter Verlag, Olten 1996.

Bachman, Helen: Malen als Lebensspur. Die Entwicklung kreativer bildlicher Darstellung. Ein Vergleich mit den frühkindlichen Lösungs- und Individuationsprozessen, Klett-Cotta Verlag, Stuttgart 1988.

Baumgardt, Ursula: Kinderzeichnungen. Spiegel der Seele. Kinder zeichnen Konflikte ihrer Familie, Kreuz Verlag, Stuttgart 1985.

Furth, Gregg, M.: Heilen durch Malen. Die geheimnisvolle Welt der Bilder, Walter Verlag, Olten 1991.

Koppitz, Elisabeth M.: Die Menschendarstellung in Kinderzeichnungen und ihre psychologische Auswertung, Hippokrates Verlag, Stuttgart 1974.

Lebeus, Angelika-Martina: Wenn Kinder malen. Kinderbilder und was sie uns sagen, Beltz Verlag

Durch Körperübungen zu Leiberfahrungen

»Haltung und Gebärde drücken aus,
was im Innern lebt,
was das Herz fühlt und der Sinn meint –
sie wirken aber auch in das Innere hinein,
geben ihm Halt, formen und erziehen es ...«

Romano Guardini

»Jede Haltung ist nicht nur Zeichen und
Ausdruck einer bestimmten Gesamtverfassung des Menschen, sondern
bewirkt in uns auch das,
was sie aussagt.
So würde es niemandem einfallen, sich zum Start eines Hundertmeter-
laufes in einen Liegestuhl zu setzen, denn die Liegestuhlhaltung bringt
uns innerlich und äußerlich, körperlich und geistig in eine Ausruhe-
stimmung.
In der Starthaltung hingegen sind die Läufer schon vor dem Rennen
ganz in der notwendigen gut gespannten und gleichzeitig gelösten
Sammlung.
Die aufgerichtete – aufrechte Haltung (insbesondere bei der Meditation) bewirkt ganz allmählich eine aufrichtige Ungebundenheit. Der
Übende, der sich bewußt auf seine Haltung einstellt, gibt sich in die
Form, die ihm als sein Ziel entspricht und die seine Entwicklung dahin
wachruft.«

Karlfried Graf Dürckheim

Über Körperübungen und Leib-erfahrungen
Alles, was wir erleben, denken und fühlen, hat auch unmittelbar mit unserem Körper zu tun. Die Sprache zeigt uns mit vielen Redewendungen und Formulierungen den Zusammenhang deutlich auf, daß wir »verkörpern«, was wir sind!

Wie jemand »leibt und lebt«, sagt etwas über seine Art und Weise aus, sich in der Welt zu verwirklichen.

Leider nimmt infolge veränderter Sozialisationsbedingungen selbst bei Kindern und Jugendlichen die Entfremdung von sich selbst und ihrem Körper erschreckend zu.

Die Folgen dessen, was sich unter dem Stichwort: »Veränderte Kindheit« zusammenfassen läßt, sind Bewegungsmangel, Fehlhaltungen, Muskelschwäche, Konzentrationsschwäche, Verhaltensauffälligkeiten, Vereinsamungs- und Verwahrlosungstendenzen, funktionelle nervös bedingte Organstörungen u.v.m.

In diesem Kapitel geht es deshalb um die wichtige Fähigkeit, sich selbst sowohl in Ruhe als auch in jeder Bewegung als Ganzheit von Körper, Seele und Geist neu zu erfahren, sich selbst ganzheitlich zu (er-)leben und, wie Karlfried Graf Dürckheim es nannte, »Leiberfahrungen« zu machen!

Sich körperlich auszudrücken, mit »Händen und Füßen reden«, von Kopf bis Fuß etwas verkörpern, das alles gehört zum ganzheitlichen Lernen. Hier hat sich die Gestaltpädagogik mit ihrem interaktiven Lernkonzept in besonderem Maße um das ganzheitliche Lernen verdient gemacht, also um die Verbindung von Geist und Gefühl und Körper.

Daß Kindern und Jugendlichen dieser Weg entgegenkommt und sie dort abholt, wo sie stehen, unterstützt die Tatsache, daß es für Kinder hauptsächlich zwei Lernmedien gibt: die Imaginationskraft (Phantasiereisen usw.) und den Körper.

Erziehung des ganzen Menschen
Es gibt viele Möglichkeiten, Körperarbeit mit Kindern und Jugendlichen zu machen, angefangen von Hatha Yoga, Feldenkrais und Kum Nye, über Autogenes Training bis hin zu Eutonie, Progressiver Muskelentspannung

und vielem anderen mehr. Mit unterschiedlicher Gewichtung geht es allen Wegen um:
- einen achtsamen, bewußten Umgang mit dem eigenen Körper
- Freude an der Bewegung und Verbesserung der Körperbeherrschung
- Sensibilisierung der Körperwahrnehmung und Aufbau eines Körperbildes
- Entspannung und Lockerung des Körpers
- Förderung der Konzentrationsfähigkeit
- Harmonisierung von Körper, Seele und Geist
- Stabilisierung des inneren Gleichgewichtes
- Geduld und Hingabe
- Erkennen, Anerkennen und Arbeiten an den eigenen Grenzen und Schwächen
- Gewaltlosigkeit einüben mit sich und seiner Umwelt
- Achtsamkeit im Umgang mit sich und anderen
- Einkehr, Förderung der Innensicht, Stille

Die hier vorgestellten Körperübungen entstammen teilweise dem Hatha Yoga und sind so ausgewählt, daß sie auch von nicht Yoga Praktizierenden durchgeführt werden können.
Doch was ist Yoga überhaupt?
Yoga ist kein Sport, keine Gymnastik und keine Religion. Yoga meint auch nicht, daß man ständig auf dem Kopf stehen muß. Es ist ein körperlicher und geistiger Übungsweg nach alter indischer Tradition, der heute von Menschen in aller Welt ausgeübt wird. Die bewußte Atmung, verbunden mit gezielten, langsam ausgeführten Bewegungen, Dehnübungen und dem Verharren in bestimmten Körperhaltungen aktivieren den Energiefluß im Körper, lösen Blockaden und vergrößern auf diese Weise die Ausdauer und Vitalität des Menschen. Sie leisten einen Beitrag zum physischen wie psychischen Wohlbefinden, welcher gerade auch im (Schul)Alltag der Kinder und Jugendlichen eine große Bedeutung hat. Die Übungen im Yoga haben (aus dem Sanskrit ins Deutsche übersetzt) häufig Namen von Tieren. Die Identifikation mit beispielsweise einer Katze, einem Hund oder Krokodil, bietet eine gute Möglichkeit, Bewegungen und Empfindungen miteinander zu verbinden.

Für eine kleine Übungsreihe sollten folgende Punkte bedacht werden:
1. Alle Übungen werden langsam (im Zeitlupentempo) und mit äußerster Achtsamkeit durchgeführt. Es ist hilfreich, wenn der Übende durch zumeist rethorische Fragen auf bestimmte Körpervorgänge aufmerksam gemacht wird, wie z. B. Kannst du Wärme/Kälte spüren? Fühlt sich eine Körperseite jetzt anders an als die andere? Ist ein Bein vielleicht nach der Übung ›länger‹ als das andere? ...
2. Haltungen werden stets beidseitig durchgeführt.
3. Oft sind sogenannte Gegenhaltungen empfehlenswert, also nach einer Vorbeuge eine Rückbeuge usw.
4. Nach jeder Übung wird in einer Entspannungshaltung nachgespürt und beobachtet, was sich verändert hat, was zu spüren ist und welche Gefühle sich einstellen.

Mit jüngeren Kindern ist es sinnvoll, die Übungen thematisch aufzuhängen, (gemeinsam) eine Geschichte zu entwickeln und erst nach einer ganzen Serie von Übungen nachzuspüren.

5. Die Wiederholung von Übungen schafft Vertrautheit, Sicherheit und Selbstbewußtsein.
6. Am Ende einer Übungsreihe folgt eine Schlußentspannung, wie Sie sie bereits von den Körperreisen her kennen.

Körperliche Vorgänge und Veränderungen

Durch das Bewußtwerden von Körperempfindungen, der Umgebung, der Luft, von Geruch, der Auflagefläche, den Gedanken, dem Atem ... usw. geschieht Entspannung.

Begleiterscheinungen wie Kribbeln, Einschlafen eines Körperteils, Muskelzucken, Dehnungsreiz usw. können besonders häufig beim Entspannen nach einer Übung wahrgenommen werden. Sie erscheinen oftmals als lästig und störend, sind jedoch völlig unbedenklich und sollten nicht verhindert oder unterdrückt werden. Im Gegenteil, erklären Sie sich selbst zu einem Zuschauer, der neugierig alles beobachtet, was zu sehen und zu spüren ist!

Diese Umschaltung auf einen Entspannungszustand bewirkt eine Herabsetzung der körperlichen Aktivitäten wie beispielsweise der Herz-

frequenz, des Atemtempos und dessen Tiefe sowie des Muskeltonus. Damit geht ein Herabsinken der Körperwärme einher. Angestaute Spannungen lösen sich auf. Der ganze Körper stellt seine Funktionen auf Sparflamme zurück.
Dafür sind in diesem Zustand alle Sinne sensibilisiert und geschärft. Die Konzentration ist stark nach innen und auf das bewußte Erleben des gegenwärtigen Augenblicks gerichtet. Es geht dann wesentlich um das Erleben des Augenblickes, das Da-sein im Jetzt, das An-wesend sein und das Wahr-nehmen all dessen, was ist. Diese Erfahrung ist für viele Kinder neu und fremd, weil sie sich mit ihren Gedanken in der Regel in der Vergangenheit oder in der Zukunft aufhalten. Daher können die Grenzen zwischen Körperarbeit, Leiberfahrungen und Meditation fließend ineinander übergehen. In jedem Fall bereiten sie jedoch darauf vor.

Stell dich!
Ich möchte jetzt von jedem einzelnen von euch, daß er sich stellt!
(Sprechen Sie kurz über die Bedeutung dieser Redewendung und beginnen Sie dann erst mit der Übung.)
Stell dich möglichst barfuß – oder zumindest ohne Schuhe auf den Teppich ...Dann schau nach unten zu deinen Füßen und kontrolliere, ob sie wirklich parallel nebeneinander (oft stehen Füße zu weit nach außen oder gar innen) ... und in einem natürlichen Abstand voneinander stehen ... also etwa hüftbreit auseinander ...
Dann schließ deine Augen ... und spüre in deine Fußsohlen hinein. ... Nimm dort immer intensiver Kontakt auf mit dem Boden ... In deine Vorstellung kannst du die Berührungsflächen deiner Fußsohlen umfahren ... Mach dir so die Auflagefläche deiner Füße bewußt ... und spür, daß du getragen wirst ... Stell dich ganz aufrecht ... Stell dir vor, daß du an deinem Scheitel ein wenig nach oben Richtung Decke herausgezogen wirst ... Jetzt ist dein Rückgrat möglichst gerade aufgerichtet ... Trotzdem hängen deine Schultern ganz locker Richtung Boden ... Spürst du, daß du sie festhälst oder anziehst, dann stell dir vor, daß Gewichte an deinen Händen die Schultern nach unten ziehen ...
Schau, daß deine Knie nicht ganz durchgedrückt sind ...

Dann spür in deinen Bauch ... Ist er angezogen? ... oder darf er sich ganz gelöst ausdehnen? ... Kannst du deinen Atem im Bauch spüren? ... Bewegt sich die Bauchdecke beim Atmen? ... Stell dir vor deinem inneren Auge jetzt dein Gesicht vor ... mit ganz entspannten, gelösten Zügen ...

Geh jetzt mit deiner Aufmerksamkeit zurück zu deinen Fußsohlen ... Spür, daß du guten Kontakt hast zum Boden ... du hast guten Halt und guten Stand ... du bist standhaft ... du hast dich gestellt! ...

Dann öffne deine Augen wieder. Die Übung ist beendet.

Fortsetzung 1:
Setz dich auf den Boden und bedanke dich bei deinen Füßen, daß sie dich tagaus tagein tragen. (Hier können die Kinder spontan das tun, was ihnen dazu einfällt, oder aber der Leiter leitet zu einer kleinen Fußmassage an.)

Fortsetzung 2:
Als Rahmen zu dem, was anfangs zur Bedeutung der Redewendung »Ich stelle mich« gesagt wurde, können die Kinder auch im Anschluß an die Übung ihre Füße auf Papier umranden und mit ihren persönlichen Gedanken dazu beschriften. Impuls: Woran denkst du ganz konkret, wenn du hörst, du sollst dich stellen?

Fortsetzung 3:
Auf die Fußabdrücke können auch Fürbitten oder Gebete geschrieben werden.

Fortsetzung 4:
Als Hausaufgabe oder »Lerngang«:
Geh hinaus in die Natur. Dort schließe deine Augen und sei ganz aufmerksam bei und in dir. Dann geh einige Schritte mit geschlossenen Augen und spür, wie deine Füße dich Schritt für Schritt tragen. Was können deine Fußsohlen ertasten? (Sand- oder Waldboden, Steine, kleine Zweige auf dem Weg ...) Was können Deine Sinne noch alles wahrnehmen? ... an Geruch ... und Geräuschen ... Sei ganz konzentriert in deiner Wahrnehmung ... Nach einiger Zeit öffne die Augen und schau, was um dich herum ist.

Merkpunkte für die Körperhaltung beim Zentrieren:
- Sind meine Füße parallel zueinander, stehen sie schulterbreit auseinander?
- Sind meine Knie gebeugt und etwas nach außen geöffnet?
- Ist mein Becken etwas nach vorn in der Hüfte abgeknickt?
- Ist mein Rückgrat gerade nach oben gestreckt?
- Sind meine Schultern entspannt?
- Ist mein Nacken gestreckt?
- Bilden mein Kopf, mein Nacken, mein Rücken und mein Gesäß eine möglichst gerade und senkrechte Linie?

Ich stelle mich

Ich sah einen jungen Benedektinermönch.

Bevor er in das Besucherzimmer trat, blieb er wohl eine Minute still und versunken vor der Türe stehen. Dann erst trat er ein. Gefragt, was er tue und warum, antwortete er:

»Ich bete und stelle mich ein. Ich tue das immer, vor jeder Arbeit, vor jeder Begegnung. Damit es gut wird.«

Alles abgleiten lassen

Die Kinder stellen sich mit leicht gegrätschten Beinen hin. Sie schließen ihre Augen und heben ganz langsam ihre Arme nach oben. Mit einem tiefen Seufzer kommen sie dann mit Oberkörper und Armen nach vorne herüber und lassen sich aus ihrer Mitte heraus nach unten hängen. Während sie so nach vorne gebeugt sind, spüren sie in ihren Rücken hinein und stellen sich vor, wie negative Gedanken, Sorgen, Probleme und Gefühle an ihrem Rücken entlang abgleiten. Auf diese Weise kann angesammeltes Unbehagen losgelassen werden.

Berg – Haltung
Nimm eine aufrechte Sitzhaltung ein ... Schließ die Augen und werde dir deiner Sitzhaltung bewußt ... Stell dir vor, am oberen Scheitelpunkt zieht dich ein Faden in Richtung Himmel heraus ... Deine Wirbelsäule ist ganz aufgerichtet ... du strebst nach oben ...

Dann spür hinein in deine Auflagefläche zum Boden ... nimm aufmerksam wahr, wie dein Gesäß am Boden aufruht ...laß dich immer mehr ein in deinen Sitz ... mit jedem Ausatemzug ein wenig tiefer im Boden ruhen ...übergib dein ganzes Körpergewicht der Erde ... Du wirst getragen ...

Jetzt heb deine Arme seitlich hoch ... und führe die Handflächen nah über dem Scheitel zusammen ... die Arme sind in den Ellenbogengelenken eingewinkelt ...

Spür der Wirkung dieser Berg-Haltung nach ... Du sitzt da ... schwer ... verwurzelt ... auf großem, sicheren Grund ... und ruhst in dir ... Dieses feste Fundament läßt dich zugleich aufgerichtet sein ... Es gibt dir die Sicherheit und Kraft, dich emporzustrecken ... dich nach oben hin auszurichten ...

Spür dich zwischen diesen beiden Polen ... der tragenden Erde ... und der Weite des Himmels ...

Führe nach einiger Zeit die Arme langsam unten zurück ... und spür der Wirkung noch etwas nach ...

Sitze noch einige Atemzüge lang so unverrückbar und fest verankert wie ein Berg ... Und öffne erst jetzt die Augen.

»Die rechte Haltung bekommen wir, indem wir uns auf unseren Grund einlassen und uns von ihm tragen lassen.«

Den Atem verschicken in der Schulterbrücke
Leg dich auf den Rücken. Dann stell deine Füße etwa hüftbreit auseinander auf. Achte auf deinen Atem. Bei einem Einatmen drück deine Füße fest auf den Boden und hebe gleichzeitig das Gesäß vom Boden ab. Du kannst dich mit deinen Händen im Kreuz abstützen und so das Becken nach oben halten. Ist diese Stütze jedoch nicht nötig, leg deine Arme V-förmig über dem Kopf am Boden ab.

Du bildest nun mit deinen Schultern und Füßen eine Brücke, daher der Name für diese Stellung: »Schulterbrücke«.

Halte sie einige Zeit und wende dich deinem Atem zu. Schick deinen Ausatem durch die Beine bis in die Knie. Stell dir vor, daß er dort herausfließt:

Nachdem du deinen Atem bewußt einige Male verschickt hast, lege mit einem Ausatemzug die Wirbelsäule vom Nacken her zurück auf den Boden. Laß die Beine zu Boden gleiten und spür nach.

Variation: Die Arme bleiben neben dem Körper liegen. Die Haltung der Schulterbrücke wird eingenommen, und wenn Gesäß und Rücken ganz vom Boden abgehoben und nach oben gedehnt sind, wird der rechte Fuß vom Boden abgehoben und das Bein gestreckt hochgehalten.

Nur der linke Fuß trägt jetzt noch!

Dann wird der rechte Fuß auf das Knie des linken Beines aufgesetzt.

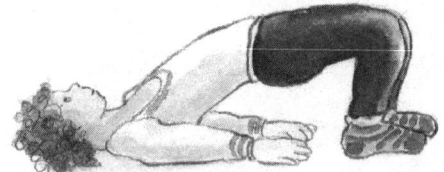

Die Mitte spüren

Ziehe deine Schuhe aus und stell dich hin. Die Beine sollen etwa hüftbreit parallel nebeneinander stehen.

Dann schließ die Augen und spüre in deine Fußsohlen hinein ... Umfahre in deiner Vorstellung die Berührungsfläche der Füße am Boden ...

Stelle dir nun vor, kleine Wurzeln wachsen aus deinen Fußsohlen in die Erde hinein ... Du stehst verwurzelt ... und hast guten Halt am Boden ... Jetzt pendel einige Male langsam nach links und nach rechts ... Sei dabei ganz aufmerksam in deinen Fußsohlen ... nimm die Gewichtsverlagerung dort wahr ... und bleibe dann in der Mitte stehen ... Schaukel ein wenig vor und zurück ... und spüre wieder in die Fußsohlen hinein ... Verweile auch nach dieser Übung in einer mittleren Stellung ...

Um deine Mitte noch genauer zu spüren, stelle nun einen der Füße mit der Fußsohle auf den Fußrücken des anderen ... Du stehst also mit deinem ganzen Körpergewicht auf einer Fußsohle ... Hier ist dein Gleichgewicht gefordert! Bereitet dir das keine größere Mühe, dann hebe jetzt noch die gestreckten Arme hoch über den Kopf, bis sich die Handflächen berühren ... und verweile eine Zeit in dieser Haltung ... Löse sie dann langsam wieder auf ... um sie auf dem anderen Fuß zu wiederholen ...

Setze dich nun auf den Boden. Achte darauf, daß dein Rücken möglichst gerade ist. Ein Kissen oder eine Decke hilft, eine bequeme und doch aufrechte Haltung einzunehmen ...

Schließe dann die Augen und spüre dich in den Sitz ein ... Mache dir die Auflagefläche deines Gesäßes auf dem Boden bewußt ... indem du sie – wie zuvor die Fußsohlen – in Gedanken einmal umfährst ... nimm hier intensiv Kontakt auf mit der Erde ... Stell dir vor, an deinem Beckenboden wäre ein Gewicht befestigt, welches dich in der Mitte deiner Auflagefläche ein wenig tiefer in den Boden herunterzieht ... An diesem Punkt bist du fest im Boden verankert ...

Pendel jetzt mit dem Oberkörper einige Male mit leichten, langsamen Bewegungen nach links und nach rechts ... Spüre dabei die Gewichtsverlagerung im Sitz ... Verweile dann in einer mittleren Stellung ... und schaukel ein wenig vor und zurück ... und finde dich auch hier wieder in deiner Mitte ein ...

Lege jetzt beide Handflächen unterhalb des Bauchnabels an den Bauch ... Spüre durch die Handflächen hindurch deinen Atem im Bauch ... Spüre, wie sich die Bauchdecke beim Einatmen vorwölbt ... und beim Ausatmen wieder flach wird ... Schaue deinem Atem zu, ohne ihn zu verändern ... Nimm einfach nur wahr ... wie er kommt ... und geht ... immer wieder ... kommt ... und geht ...

Dann lege deine Hände wieder auf den Oberschenkel ab ... und spüre trotzdem den Atem weiter dort im unteren Bauchraum ... in deiner Mitte ...

Stelle dir nun in Gedanken vor, daß sich hier im unteren Bauchraum ein sonnenähnlicher Lichtkegel befindet ... der deine Mitte erhellt und erwärmt ... Spüre die Kraft und Wärme, die von hier ausströmt ... wie die Strahlen der Sonne ...

Konzentriere dich einige Zeit auf dieses Kraftzentrum in deiner Mitte ... Dann richte deine Aufmerksamkeit wieder mehr nach außen ... nimm bewußt Geräusche wahr und öffne schließlich wieder deine Augen.

Die Mitte liegt in dir

Es träumte ein Kind, es solle sich auf den Weg machen und die Mitte der Welt suchen. Da sagte es Vater und Mutter Lebewohl und zog in die Ferne. Nachdem es eine Weile gegangen war und in eine fremde Landschaft kam, fragte es einen Bauern nach dem Weg zur Mitte der Welt. »Da mußt du immer geradeaus gehen«, sagte dieser. Also ging das Kind einen geraden Weg und ließ sich durch nichts beirren. »Da mußt du über das große Wasser hinweg!«, sagte ihm ein Fischer, als es schließlich ans Meer kam. Das Kind dachte, daß es eher an den Rand der Welt als in die Mitte gekommen sei, und zweifelte an seinem Weg. Es gab aber nicht auf und suchte ein Schiff, mit dem es übersetzen konnte.

»Da mußt du durch die Wüste hindurch!«, sagte auf der anderen Seite des Meeres ein Derwisch. Aber die Wüste war tief und heiß.

Das Kind ging einige Tagesreisen weit, dann traf es eine Karawane. »Wo geht es weiter zur Mitte der Welt?«, fragte das Kind. »Es gibt keine Mitte«, sagten die Kameltreiber. »Wo immer du bist, bist du draußen.«

Das Kind ließ sich nicht beirren und ging weiter in die Wüste hinein. Schließlich begegnete es einem Einsiedler. »Wo geht es weiter zur Mitte der Welt?«, fragte das Kind. »Die Mitte der Welt ist nicht hier und nicht da, sie ist überall!«

»Eine Mitte kann nicht überall sein«, antwortete das Kind und zog seines Weges weiter. Nun begegnete es keinem Menschen mehr. Endlos weit dehnte sich der Sand, der Himmel spannte sich flimmernd darüber, unbarmherzig brannte die Sonne, nirgendwo war ein Richtpunkt als nur das Kind selbst inmitten der Einsamkeit. Da hielt es inne und dachte: »Es lohnt sich nicht, weiterzugehen; ob ich mich nun vor oder zurück, nach links oder nach rechts bewege, immer bin ich die Mitte der Wüste.« Und es setzte sich hin und weinte.

In die Mitte atmen
Die Kinder sitzen mit gerade aufgerichtetem Rücken. Sie legen ihre Hände an den Bauch unterhalb des Nabels. Der Leiter erklärt ihnen, daß sich dort – in ihrer Mitte – bei jedem Menschen ein Kraftzentrum befindet, aus dem viel neue Energie geschöpft werden kann. Die Kinder können sich dieses Zentrum vorstellen wie eine Sonne, die mit jedem Atemzug dorthin etwas kräftiger und wärmer strahlt.
Sie schließen ihre Augen und beginnen, ruhig ein- und auszuatmen. Sie spüren dabei an den Händen die Bewegung der Bauchdecke durch den Atem. Immer wieder fühlen sie, wie sich der Bauch dort ausdehnt und wieder zusammenzieht. Sie können sich vorstellen, daß sich ihr Kraftzentrum (Sonne) mit jedem Atemzug etwas vergrößert und Energie, Wärme und Liebe ausstrahlt.

Variation: Die Sonne schickt ihre Strahlen an eine Stelle im Körper, die augenblicklich weh tut, Sorgen bereitet, nicht gefällt.
Ganz bewußt wird »Liebe verschickt.«

»Wenn die Mitte zu tragen beginnt und von all dem, was über ihr ist, entlastet, die Verbindung mit der »Erde« freigibt, fühlt der ganze Mensch sich anders, als ein anderer und wo anders. In dreierlei Weise bekundet sich dann die Teilhabe an einem größeren leben: Der Mensch erfährt eine neue Kraft und Weite, eine neue Nähe und Wärme und eine hellere Sicht. Die Kraft, die erlebt wird, ist die Kraft einer inneren Festigkeit, die man nicht macht, sondern die einem geschenkt wird.«
KARLFRIED GRAF DÜRCKHEIM

Brustexpander

Bei Streß oder Angst ziehen wir unwillkürlich die Schultern hoch und nach vorn, um unser Herz und die empfindliche Körpervorderseite zu schützen. Dabei wird jedoch der freie Atemfluß behindert.

Deshalb bietet sich die Übung »Brustexpander« insbesondere vor und nach einer Arbeit oder aber nach einer längeren Schreibtätigkeit oder Anstrengung an.

Wie sonst kaum eine Übung weitet sie den Brustkorb. Sie ist die ideale Gegenhaltung zur nach vorne gebeugten Schreibtischhaltung! Dabei wird die Rücken- und Bauchmuskulatur gedehnt, besser durchblutet und gekräftigt und ein tiefer, befreiter Atemfluß ermöglicht.

Vorübung 1:
Bring die Arme einatmend gestreckt, nach vorne und nach oben, ... und führe sie dann ausatmend möglichst weit nach hinten an den Seiten zurück nach unten ... Wiederhole diese Kreisbewegung der Arme mehrmals. Stelle dir vor, du wolltest die ganze weite Welt umarmen.

Vorübung 2:
Stell dich aufrecht hin ... und falte deine Hände vor der Brust ... Dann bring die Handflächen nach außen und streck die Arme kräftig nach vorne durch ... Bring die gestreckten Arme weit nach oben und dehn dich, so weit du kannst, nach hinten durch ... Schieb dabei das Becken etwas vor ... Der Atem fließt normal weiter!

Expander

Falte die Hände diesmal hinter dem Rücken ... Dreh die Handflächen wiederum nach außen und streck die Arme ... Dann komm mit geradem Rücken nach vorne ... (Die Arme liegen auf dem Rücken!) Laß Kopf und Oberkörper immer mehr nach unten Richtung Boden sinken ...

Dann heb nun die gestreckten Arme nach oben ... Die Finger bleiben verschränkt ... und die Handrücken weisen nach oben ...

Spür die Dehnung in den Schultern und Oberarmen ... und laß sie geschehen. Verweile ... und beobachte deinen Atem ... Zum Beenden lege zunächst die Arme zurück auf den Rücken ...

Komm mit dem Oberkörper wieder hoch ... und spür mit geschlossenen Augen nach.

Katze
Mit kleineren Kindern sprechen Sie vor der Übung über Katzen. Lassen Sie Kinder Katzen nachahmen beim Trinken, beim Fauchen, Spielen ... und sprechen Sie über die verschiedenen typischen Körperstellungen.

Zur Katze gibt es mehrere Variationen, welche hier nach Schwierigkeitsgrad (von leicht zu schwerer) aufgeführt sind. Es empfiehlt sich, zunächst mit einer »Katze« anzufangen, und erst später eine bzw. mehrere Variationen hinzunehmen.

Geh in den Vierfüßlerstand ... Verteile dein Körpergewicht gleichmäßig auf die Hände und Füße ... und dann achte auf deinen natürlichen Atem ...•

Mit der nächsten Einatmung leg den Kopf möglichst weit in den Nacken ... und laß den Rücken so weit es geht nach unten durchhängen ... Dein Gesäß geht dabei nach oben, so als wollten sich Gesäß und Kopf über dem Rücken berühren ...

Ausatmend komm in die Ausgangsstellung zurück und zieh in einer fließenden Weiterbewegung den Kopf ein und bring dein Kinn möglichst dicht an den Brustkorb ... Dein Rücken wölbt sich ganz rund nach oben ... zu einem Katzenbuckel ... Führe diese beiden Bewegungen fließend und in deinem Atemrhythmus mehrere Male aus ...

Variation 1:
Wie oben bis •, dann das Körpergewicht auf eines der beiden Knie verlagern und das andere einatmend abheben und parallel zum Boden strecken ...•
Ausatmend das Bein anwinkeln und zur Brust anziehen, sodaß sich Stirn und Knie berühren. Mehrmals wiederholen und dann das Bein wechseln.

Variation 2:
Wie Variation 1 bis •, dann das Körpergewicht auf die entgegengesetzte Hand verlagern ... und den anderen Arm abheben und nach vorne strecken (z. B. rechtes Bein und linker Arm) ... Die gestreckten Gliedmaßen bilden zusammen mit dem Rücken eine gerade Linie ... Ruhig atmend eine kurze Zeit halten und mit dem anderen Bein und Arm wiederholen.

Variation 3:
Wie Variation 2, jedoch statt die entgegengesetzten Arme und Beine zu strecken, jetzt Arm und Bein der gleichen Körperseite.

Der Schmetterling
Leg dich mit dem Rücken auf den Boden ... Winkel deine Beine an und stell die Füße möglichst nah am Gesäß auf ... Ausatmend schließt du die Knie und führst die gestreckten Arme über der Brust zusammen, bis sich die Handflächen berühren ... Einatmend öffnest du dann die Knie ... und läßt sie locker auseinanderfallen ... Gleichzeitig führst du die ausgestreckten Arme zurück zum Boden ... bis sie in Schulterhöhe am Boden liegen ...
　Ausatmend schließt du Knie und Hände/Arme wieder ... bis du Atemdrang verspürst ...
　Einatmend öffnest du dich wieder und schaffst Raum in Brust und Oberkörper ...
　Stell dir vor, du seiest ein Schmetterling, der gerade erst verwandelt worden ist und nun seine ersten Bewegungen mit den Flügeln macht, sie öffnet und wieder schließt. Folge dabei deinem eigenen Atemrhythmus. Zum Schluß legst du die Arme neben dem Körper ab, streckst die Beine lang aus und spürst nach.

Der sitzende Schmetterling
Setz dich auf den Boden ... die Beine liegen lang gestreckt und ein wenig auseinander gespreizt ...
   Dann Winkel beide Beine so an, daß sich die Fußsohlen berühren ... Umfasse mit beiden Händen die Füße (bzw. Zehen) und zieh die Füße so nah wie möglich an den Damm heran ... Die Knie fallen locker nach außen. Spür dich bei geschlossenen Augen in die Haltung ein ... achte dabei auf gelöste Gesichtszüge und lockere Schultern.
   Der Schmetterling ist sehr vielseitig. Er kann im Liegen, Sitzen und Gehen dargestellt werden. In der Haltung werden die Innenseiten der Oberschenkel und die Hüftgelenke gedehnt. Durch die öffnende Bewegung werden Spannungen und Verkrampfungen in dem Bereich gelöst.

Der fliegende Schmetterling
Zur Einführung sprechen Sie vielleicht mit Ihren Kindern über die Entwicklung von der Raupe zum Schmetterling. Oder aber beginnen Sie gleich mit der Übung:
   Stell dir vor, du wärest eine kleine Raupe, die sich am Boden langsam bewegt und kriecht.
   Du frißt, wo du nur kannst, denn du hast immer Hunger ... Du beginnst zu wachsen, jedoch deine Haut wächst nicht mit, so daß plötzlich deine Haut reißt und du dich aus ihr befreist ... Winde dich heraus und wirf deine alte Haut ab ... Du wächst und wächst ... und mußt dich noch mehrmals häuten ... Nach einiger Zeit hörst du auf zu fressen und beginnst, eine Hülle um dich herum zu spinnen ... Du wickelst dich immer mehr in eine Hülle ein, man nennt ihn auch Kokon ... Dort bleibst du den Winter rüber und ruhst dich aus ...
   Dann spürst du, daß es draußen Frühling geworden ist ... die Sonne scheint warm ... die Erde riecht frisch ... und du spürst, daß du dich jetzt befreien und verwandeln willst in einen Schmetterling.
   Vielleicht überlegst du noch, während du liegst, in welchen Schmet-

terling du dich gleich verwandeln wirst ... (und teile dies deinen Mitschülern später mit: Name, Farben ...).

Dann stell dich langsam auf ... befrei dich immer mehr aus deinem Kokon ... und beim Einsetzen der Musik breite deine Arme vorsichtig aus ... und mach erste Flugbewegungen mit deinen Flügeln ... Wenn du die Bewegungen kannst, flieg durch den ganzen Raum ...

Anregung:
mal schwebend fliegen ... mal flattern ... sich niederlassen auf einer Traumblume o. ä. ... weiterfliegen ... über die Phantasiewiese.

Der Übungsleiter lädt seine Schmetterlinge nach einer Weile ein, in einem Flug über ihre Traumwiese zurück in den Klassenraum zu kommen ... dort zu landen ... (sich an einem selbstgewählten Platz irgendwie hinlegen) und zu spüren ... wie sie liegen ... zu entspannen ... auszuruhen ... und mit dem Verklingen der Musik wieder ganz da zu sein.

Krokodile
Krokodilshaltungen sind ausgesprochene Rückenübungen, welche auch als leicht anwendbare Eigenchiropraktik angesehen werden können. Einerseits muß der Rücken das Körpergewicht nicht tragen, trotzdem wird er bewegt und gedreht. Die Beweglichkeit in der Wirbelsäule wird geübt.

Es gibt über 60 Krokodilsvariationen. Da sie ebenfalls die Nieren ansprechen und ihre Durchblutung fördern, tragen sie manchmal auch den Namen »Nierenschraube.«

Ausgangsstellung
Leg dich mit dem Rücken auf den Boden ... Breite die gestreckten Arme in Schulterhöhe aus, so daß die Handflächen nach unten zeigen ...

Krokodil 1:
Setz die rechte Ferse auf die Zehen des linken Fußes auf ... Spür in den Kontakt hinein und halte ihn während der Übung bei ... Dann bring die Füße nach links herunter ... dabei gehen das rechte Bein und die rechte Gesäßhälfte vom Boden ab ...

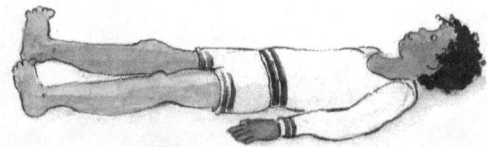

Ausatmend bring den Kopf behutsam in die entgegengesetzte Richtung, also nach rechts ... Atme in allen Krokodilen ruhig und regelmäßig ... und achte drauf, daß die Schulterblätter Kontakt mit dem Boden behalten.

Anregungen in der Haltung:
– Welche Seite wird besonders gedehnt?
– Laß allen Ehrgeiz weg!
Überlaß dich ganz der Schwerkraft und sei möglichst entspannt in der Haltung.
– Wo geschieht die Drehung in der Wirbelsäule?
Kannst du dorthin spüren?
– Wo spürst du deinen Atem während der Haltung am meisten?

Einatmend löse die Haltung auf, indem du mit dem Kopf und den Beinen zur Mitte zurückkommst ... sie wieder lang ausstreckst ... und nachspürst ... Wiederhole die Übung zur anderen Seite.

Krokodil 2:
Verfahre wie bei Krokodil 1. Setz jedoch den rechten Fuß auf die linke Kniescheibe fest ab und komm dann nach links herunter.

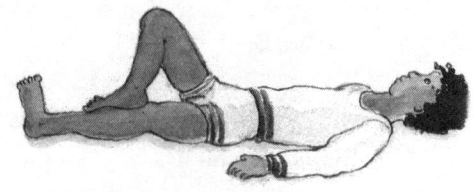

Krokodil 3:
Leg die Beine gegrätscht am Boden ab. Bring dann beide Füße nach links und den Kopf nach rechts herunter.

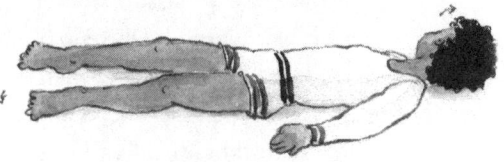

Krokodil 4:
Stell die Füße dicht am Gesäß ziemlich weit gegrätscht auf. Dann bring die Knie nach links Richtung Boden und den Kopf behutsam nach rechts herunter.

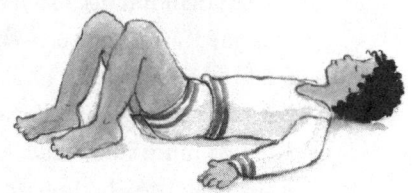

Krokodil 5:
Wie Krokodil 4, nur: Stell die Beine ganz dicht aneinander auf, und behalte den Kontakt der Innenseite der Beine beim Herunterbringen der Knie bei.

Krokodil 6:
Winkel die Beine an und setz die Füße dicht am Gesäß auf. Setz dann den rechten Fuß auf das linke Knie. Beim Ablegen der Beine nach links behalte zwischen Fußsohle und Kniescheibe guten Kontakt.

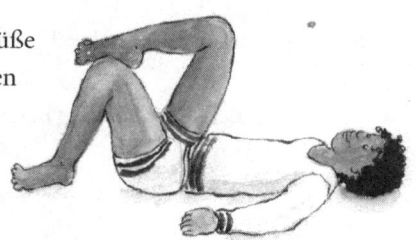

Die gleichen Übungen können auch im Sitzen mit lang ausgestreckten Beinen durchgeführt werden. Grundsätzlich gilt, stets ganz aufmerksam zu spüren, wie weit man gehen kann, ohne sich zu überfordern oder gar zu verletzen.

Schulterstand

Der Schulterstand, auch als Kerze bekannt, fördert die Durchblutung des Gehirns. Die Wirbelsäule wird gelenkig gehalten, das zentrale Nervensystem ausgeglichen und die Funktion der Hormondrüsen angeregt. Durch die umgekehrte Stellung werden die Bauchorgane von ihrem gegenseitigem Druck befreit, die Verdauung gefördert und der Körper von Schlacken und Giftstoffen befreit. Die Wirbelsäule wird gedehnt und gestreckt und Rücken-, Bein-, Nacken- und Bauchmuskulatur gefestigt.

Leg dich mit gestreckten Beinen auf den Boden ... Die Arme liegen nah am Körper mit den Handflächen nach unten ... Heb' dann deine Beine langsam hoch ... und bilde mit ihnen zunächst einen rechten Winkel zum Boden ... Spür dabei die veränderte Auflagefläche am Rücken ... Stütz dich mit den Händen am Boden ab und heb das Gesäß und den unteren Teil des Rückens vom Boden ab ... Stütz dich mit den Händen in der Taille ab, die Ellbogen bleiben dabei dicht am Körper ...

Streck jetzt die Beine kerzengerade aus ... Wenn möglich, stütze dich mit den Händen weiter oben im Rücken ab und zieh das Gesäß an ...

spür aufmerksam, was sich tut ... der Druck im Kopf ... die Enge im Hals ... das Gefühl in den Beinen ... Nimm alles wahr ... Entscheide selbst, wie lang du in der Haltung bleiben möchtest ...

Löse die Haltung auf, indem du dich wieder im unteren Rücken kräftig abstützt ... mit den Beinen herunterkommst ... und die Füße am Boden aufstellst ... Laß sie noch eine Zeit lang stehen und dann am Boden entlang rutschen.

Fortsetzung für Geübte und besonders Bewegliche:
Pflug
Geh zunächst in den Schulterstand ...

Dann winkele die Beine wieder an, sodaß die Knie Richtung Nase gehen ... Streck nun die Beine hinter dem Kopf lang aus und setz die Zehen auf dem Boden ab ... Dafür bist du jetzt in der Taille ganz eingebogen ... Die Knie bleiben in der Endhaltung gestreckt. Löse die Haltung nach ein bis zwei Minuten wieder auf, indem du die Knie wieder beugst und mit den Beinen zurückkommst.

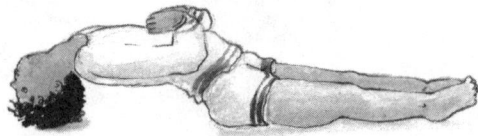

Fisch
Der Fisch ist die Gegenhaltung zum Pflug bzw. zur Kerze. Er lockert Verspannungen im Rücken und Nacken, stimuliert die Schilddrüse und ist wohltuend für Menschen mit Asthma oder anderen Atembeschwerden.

Lege dich mit dem Rücken auf den Boden. Die Arme liegen so dicht am Körper, daß die Hände halb unter dem Gesäß mit den Handflächen nach unten liegen ... Verlagere nun dein Gewicht auf die Ellbogen und hebe den Brustkorb hoch, indem du ein Hohlkreuz machst ... Gleichzeitig geht der Kopf am Boden entlang bis auf den Scheitel ... Der Kopf ruht jetzt auf der Kopfdecke ... und das Hauptgewicht wird vom Gesäß getragen ... Nach einer halben Minute laß den Kopf am Boden entlang zurück auf den Hinterkopf rutschen ... komm mit dem Rücken zum Boden zurück ... und befrei die Hände. Spüre nach.

Zusammengerolltes Blatt
Im zusammengerollten Blatt wendest du dich von der Außenwelt ab und richtest deine Aufmerksamkeit ganz auf dich. Du kannst völlig entspannen und neue Energie schöpfen.

Knie dich mit geschlossenen Beinen auf den Boden ... Setz dich auf deine Fersen ... und leg die Hände weit zurück mit den Fingerspitzen nach hinten ...

Bring dann ganz langsam den Kopf (bzw. die Stirn) zum Boden ... die Hände gleiten dabei am Boden entlang weiter nach hinten, bis sie neben den Unterschenkeln ruhen ...

Ruhe aus ... und stell dir vor, du wärest ein zusammengerolltes Blatt, welches völlig gelöst am Boden liegt ... in sich zusammengezogen ... zurückgezogen (auch mit den Sinnen) ... Verharre so lange du möchtest in dieser Haltung, je länger desto besser!

Das Leben des Papalagi gleicht vielfach
einem Manne, der eine Bootsfahrt nach Savaii
macht und der, kaum daß er vom Ufer abstößt,
denkt: Wie lange mag ich wohl brauchen,
bis ich nach Savaii komme? Er denkt, aber
sieht nicht die freundliche Landschaft,
durch die seine Reise geht. Bald schiebt
sich am linken Ufer ein Bergrücken vor.
Kaum daß sein Auge ihn nimmt, so kann

*er davon nicht lassen. Was mag wohl hinter dem
Berge sein? Ob es wohl eine tiefe oder
eine enge Bucht ist? Er vergißt über
solchem Denken, die Bootsgesänge der Jünglinge
mitzusingen; er hört auch die
fröhlichen Scherze der Jungfrauen nicht.
Kaum liegt die Bucht und der Bergrücken
hinter ihm, so plagt ihn ein neuer
Gedanke: ob wohl bis zum Abend Sturm
komme. Ja, ob wohl Sturm komme. Er sucht
am hellen Himmel nach finsteren Wolken.
Er denkt immer an den Sturm, der wohl kommen
könne. Der Sturm kommt nicht, und er erreicht
Savaii am Abend ohne Schaden. Doch nun ist
ihm, als ob er die Reise gar nicht gemacht
habe, denn immer waren seine Gedanken weit
von seinem Leibe und außerhalb des Bootes.
Er hätte ebensogut in seiner Hütte in Upolu
bleiben können*

aus: Der Papalagi. Die Reden des Südseehäuptlings
Tuiavii *aus Tiavea.*

Gleichgewichtsübungen

Die nachfolgenden Haltungen fördern die Stabilität des inneren Gleichgewichtes, die Konzentrationsfähigkeit und kräftigen verschiedene Muskelpartien, insbesondere die der Füße und Beine. Sie helfen hervorragend, sich zu sammeln und zu zentrieren (!), diese Wirkung ist direkt erlebbar.

Außerdem geben sie dem Übenden Aufschluß über seine momentane Tagesform (physische und psychische Verfassung), da sich dessen Gefühle und Gedanken auf seinen Stand, sein Gleichgewicht und seine Konzentration unmittelbar auswirken.

So kann es sein, daß eine der Übungen an einem Tag sehr gut geht und an einem anderen Tag schwer fällt oder nicht gelingen will. Dies wahrzunehmen ist interessant. Es sollte aber ohne Bewertung einfach anerkannt und akzeptiert werden.

Baum

Stell dich möglichst barfuß (oder aber mit Socken) hin ... Die Füße sind etwa hüftbreit auseinander ... und stehen parallel ... Dann nimm mit geschlossenen Augen Kontakt auf zum Boden ... Spür ganz aufmerksam in deine Fußsohlen hinein ... und umfahre sie in deiner Vorstellung ... Mach dir deine Standfläche bewußt ... und dann stell dir vor, daß du dort »verwurzelt« bist ... mit der Erde ... Laß die Wurzeln in deiner Vorstellung von den Fußsohlen aus ganz tief in den Boden hineinwachsen ... Du hast sehr guten Halt und stehst fest! ...

Dann öffne deine Augen wieder ... und suche 1 – 2 Meter vor dir auf dem Boden einen Punkt, an dem du dich mit deinen Augen »festhalten« kannst ...

Verlagere dein Körpergewicht auf die linke Fußsohle ...•

Möglichkeit 1:
Heb dann dein rechtes Bein ein wenig an ... und setz die rechte Fußsohle auf dem Fußrücken des linken Fußes ab ...

Möglichkeit 2:
Winkel dein rechtes Bein an und stell den linken Fuß gegen den rechten Oberschenkel. Dabei weist das rechte Knie nach außen ...

Möglichkeit 3:
Winkel dein rechtes Bein an und leg mit Hilfe deiner Hände den rechten Fuß in der linken Leiste (oder auf dem linken Oberschenkel) ab.
　Wenn du guten Halt gefunden hast ... und in deinem Gleichgewicht bist, hebe jetzt die Arme gestreckt seitlich hoch ... bis sich die Handflächen über dem Kopf berühren ... Stell dir vor, du bildest mit den Armen eine große Baumkrone ...
　Bereitet dir das Gleichgewichthalten noch Schwierigkeiten, nimm deine Hände nur in Gebetshaltung vor die Brust.
　Verweile so lange wie möglich in dieser Stellung und spür, wie du dich immer wieder neu ausbalancieren mußt ...
　Du stehst fest verwurzelt am Boden ... bewegst dich leicht hin und her, wie ein Baumstamm im Wind ... und bildest eine große, weite Baumkrone ...
　Dein Atem fließt während der ganzen Übung ruhig und regelmäßig ...
　Wenn du die Übung beenden möchtest, bring austamend die Arme zurück ... setz' den rechten Fuß wieder am Boden auf ... und spür bei geschlossenen Augen nach ...

Wiederhole die Übung mit dem anderen Bein!

Tänzer
Beginn wie beim Baum. Fortsetzung ab •: Winkel dein rechtes Bein an ... und greif mit der rechten Hand hinter dir das Fußgelenk ... Streck deinen linken Arm gerade nach oben zur Decke aus ... Der Oberarm ist dabei dicht am Ohr ... Mit einer langsamen, achtsamen Bewegung komm nun mit dem gestreckten Arm und geradem Oberkörper nach vorne herüber ... Gleichzeitig geht dein rechter Fuß nach oben ... sodaß dein Körper etwa eine Parallele zum Boden bildet ... Verweile in dieser »Tänzer-Haltung« so lange es dir angenehm ist ....und atme dabei ruhig weiter ...

Du löst die Haltung genau umgekehrt auf, indem du mit Oberkörper, Armen und Bein wieder zurück in die Ausgangsstellung gehst ... den rechten Fuß losläßt ... und im aufrechten Stand bei geschlossenen Augen nachspürst ...

(Kannst du einen Unterschied spüren? Wie fühlen sich die Fußsohlen im Vergleich an? Wie war dein Atem während der Übung? Wie ist er jetzt? Konntest du dein Gleichgewicht halten?)

Wiederhole die Übung mit dem anderen Bein!

Standwaage

Beginn wie beim Baum. Fortsetzung ab •:

Einatmend hebst du beide Arme und bringst sie hoch über den Kopf ... Verhake dabei die Daumen ... und dehn die Handflächen nach vorne bzw. oben ... Mit dem Ausatem zusammen neigst du dich nun mit geradem Rücken nach vorne ... Dabei löst sich dein rechter Fuß vom Boden ... Wie beim Tänzer bilden Arme, Rumpf und rechtes Bein waagerecht zum Boden eine Parallele ... Der Kopf bleibt die ganze Zeit zwischen den Oberarmen ... der Blick geht zum Boden ... und du spürst deinen Atem fließen ...

Beim Auflösen der Haltung komm mit dem Bein zum Boden und mit geradem Rücken und Armen zurück ... Ausatmend laß deine Arme sinken ... und spür nach ...

Wiederhole die Übung mit dem anderen Bein!

Adler

Beginn wie beim Baum. Fortsetzung ab •:

Heb nun deinen rechten Fuß ein wenig vom Boden ab und schlag das rechte Bein über das linke ... Bring deinen rechten Fuß dabei hinter die linke Wade ... und klammere dich dort fest ... Finde guten Stand in dieser Haltung ...

Jetzt winkele deine beiden Unterarme an und bring sie vor dem Brustkorb zusammen ... Dann schling den rechten Unterarm so um den linken herum, daß die Handflächen wieder aneinander liegen ...

Stell dir vor, du bist ein Adler: deine Arme bilden jetzt den Schnabel ... deine eng umschlungenen Beine tragen deinen mächtigen Körper ...
Steh mit möglichst aufgerichtetem Rücken ... und sei so wachsam, wie du es von einem Adler erwartest ...
Wiederhole die Übung mit dem anderen Bein!

Dreieck
Stell dich mit gegrätschten Beinen hin ...
Beobachte eine Zeit lang deinen Atem und spür dich in diesen Stand ein ... Dann bring die gestreckten Arme seitlich in die Waagerechte ... Die Arme bleiben in einer Linie, wenn du jetzt deine rechte Hand zum linken Fußgelenk bringst ... Der linke Arm geht möglichst senkrecht nach oben Richtung Decke ... Der Kopf geht mit nach links ... der Blick nach oben zur linken Hand ...
Bleibe etwa 10 – 20 Sekunden in dieser Stellung ... und atme normal weiter ... Dann richte dich langsam wieder auf, laß die Arme sinken und spür nach ...
Wiederhole die Übung zur anderen Seite!

Das Gebet und der Körper

Sich seines Körpers bewußt werden,
ihn kennen, ihn beherrschen und heilen,
mit ihm befreundet sein,
ihn entspannen, fühlen, wie er geschmeidig ist,
erfüllt von Kraft, Frische und Freiheit,
alle seine Zellen erneuern
nach dem Gesetz der großen Natur, im Rhythmus
des reinigenden Ausatmens, des belebenden Einatmens,
jede Zelle von der Wärme des Lebens durchdringen lassen,
während der Geist Ruhe und Schweigen findet.

Gegenwärtig sein, sein eigenes Selbst sein,
sich alles Überflüssigen entledigen,
Entspannung des Körpers und Entspannung des Geistes,
Entspannung des Geistes und Entspannung des Körpers,
Berührung meines inneren und wahren Ichs,
schweigen, um besser zu hören, besser wahrzunehmen,
hellsichtig sein, in sich selbst gefestigt,
besser verstehen, besser erfassen,
besser die menschliche Natur erkennen
und sie annehmen,
eine andere Dimension entdecken,
die nicht dem Geist und nicht dem Körper angehört:
Mit dem Herzen hören,
sich wandeln, um sich reinen Herzens wiederzufinden,
nach und nach die verborgenen Kräfte befreien,
alle diese Kräfte sammeln, um besser sein Leben zu lenken
mit seiner Begrenztheit und Mühsal,
Begrenztheit und Mühsal der andern auf sich nehmen,
sich selbst lieben, um die andern zu lieben
und GOTT zu begegnen.

aus: Michaelle, Beten mit Körper, Seele und Geist, Mainz 1979, S. 110f

Weiterführende Literatur zum Thema »Körperarbeit«

Carr, Rachel: Bewegungsspiele und Yoga mit Kindern, Kösel Verlag, München 1987.

Furlan, Elisabetta: Komm wir spielen Yoga, Bauer Verlag, Freiburg 1991.

Hari-Dass, Baba: Kinder im Garten Yoga. Eine spielerische Anleitung, Tanner und Staehlin Verlag AG, Zürich 1989.

Hirschi, Gertrud: Yoga für Seele, Geist und Körper. Übungen für 52 Wochen, Bauer Verlag, Freiburg 1993.

Lysebeth, Andre van: Yoga für Menschen von heute, Mosaik Verlag, München 1988.

Michaelle: Beten mit Körper, Seele und Geist, Matthias-Grünewald-Verlag, Mainz 1979.

Rücker-Vogler, Ursula: Kinder können entspannt lernen. Grundlagen und Übungen, Don Bosco Verlag, München 1993.

Dies.: Yoga und Autogenes Training mit Kindern, Don Bosco Verlag, München ³1993.

Meditative Stille

Stille – Verbindung mit dem Wurzelgrund unserer eigenen Existenz
Es lebt im Menschen ein geheimes Wissen darum, daß Stille weitaus mehr ist als das wohltuende Fehlen von Lärm. Die mehr oder weniger bewußte und lebendige Sehnsucht des Menschen nach echter Stille liegt wohl darin begründet, daß sie über die Voraussetzung für seelische Gesundheit hinaus gleichbedeutend ist mit der Erfahrung sich erfüllenden, geglückten Lebens überhaupt.

Aufgrund von Lebensumständen, Alter, Reife und Charakter sind die Menschen jedoch ganz verschieden in ihrer Empfänglichkeit und Bereitschaft für Stille. Stille im Rahmen von Kindergarten, Schule, Familie oder Gruppe kann zu einem neuen, veränderten Bewußtsein für sich selbst und seine Umwelt führen. Die Reformpädagogin Maria Montessori hat in »Die Entdeckung des Kindes« eindrucksvoll den Effekt von Stille beschrieben: »Nach solchen Übungen schienen sie (die Kinder) mich mehr zu lieben, sie waren auf jeden Fall folgsamer, sanfter geworden. In der Tat hatten wir uns von der Welt isoliert und einige Minuten miteinander vereint verbracht.«

Es ist das Wissen, daß uns die Stille mit dem Wurzelgrund unserer eigenen Existenz verbindet.

Meditation – Ausrichtung auf das Göttliche
Der Begriff ‚Meditation' begegnet uns auf Schritt und Tritt.

Es werden meditative Gespräche angeboten, Bild-, Wort und Schriftmeditationen, meditative Tänze u. v. a.

Ihnen allen gemein ist, daß sich Übende auf eine bestimmte Sache konzentriert (Wort, Symbol, Bild, Atem ...) und diese in besonderer Weise betrachtet, um so eine vertiefte Einsicht zu gelangen. Dabei ist mit dem äußeren Vorgang ein inneres Geschehen gekoppelt. So verstanden ist Meditation ein Weg nach Innen, Innerung, Begegnung mit sich selbst und der eigenen Transzendenz und somit auch Ausrichtung auf das

Göttliche. Die Grenzen zwischen Konzentration, Kontemplation, Phantasiereisen evtl. als gelenkten Meditationen, und Meditationen im engeren Sinne sind oftmals nicht ganz leicht zu ziehen.

Der bekannte Meditationsleiter Karlfried Graf Dürckheim betont, daß es sich bei Meditation um Übungen zur Verwandlung handelt, durch die der ganze Mensch als Leib, Geist und Seele durchlässig wird für das in seinem Wesen innewohnende göttliche Sein. Nach ihm geht es um die Durchlässigkeit der Person, damit das Sein in ihr und durch sie hervortönen (= personare) kann in der Welt – eine Durchlässigkeit des Menschen in Bezeugung seines göttlichen Ursprungs in seinem endlichen Dasein.

Bei Meditationsübungen geht als nun darum, die Gewißheit »Gott ist in dir« nicht als eine Weisheit, die in Büchern steht, zu vermitteln, sondern als eine gelebte und unwiderlegbare Erfahrung zu erleben.

Und wäre Jesus tausendmal in Bethelehm geboren –
und nicht in dir, du wärest ewiglich verloren.

ANGELUS SILESIUS

Meditative Übungen mit Kindern

Meditation ist sehr eng verbunden mit bewußter Erfahrung und Wahrnehmung von Stille. Sie schafft Konzentration und ermöglicht Öffnung. Doch Stille ist nicht einfach da, sie muß entstehen und wachsen. Gerade mit Kindern und Jugendlichen ist das erfahrungsgemäß anfangs nicht immer leicht. Die Erfahrung von Stille und die Konfrontation mit sich selbst ist für viele Kinder neu, und sie begegnen ihr gelegentlich anfangs mit besonderer Unruhe oder Albernheit. Hier lohnt es sich jedoch in der Regel, die Geduld nicht zu verlieren und auch das Wahrnehmen zu dürfen, wie es nun mal ist. Und das ist um so leichter, wenn dieser eingeschlagene Weg als Angebot an die Kinder und Jugendlichen verstanden wird, und in einer Atmosphäre des Wohlwollens und einfühlsamen Verstehens geschieht.

Je nach Alter der Kinder ist es hilfreich, Meditationsübungen spielerisch, märchenhaft und heiter zu gestalten. Schon die heilige Theresa von Avila hat sich sehr für den Gebrauch von Phantasie eingesetzt. Sie empfahl das Üben mit Bildern und Vorstellungskraft, um aus ihnen dann das Gebet (»Herzensgebete«) erwachsen zu lassen. Nach dem Üben mit inneren Vorstellungsbildern kann der Weg nach Innen auch über das Ohr gehen. Nicht umsonst sind viele Meditationsaufgaben Höraufforderungen. »Hörst du das Rauschen des Flusses?« fragte ein japanischer Zen-Meister seinen Schüler. Darauf der Schüler: »Ja, Meister.« Und der Meister: »Das ist der Weg.« Es ist deshalb der Weg, weil der Hörende nicht woanders ist. Er ist bei sich. Im Hier und Jetzt. Deshalb schließen viele Menschen die Augen bei der Meditation.

Es ist gut, manchmal die Augen zu schließen,
um besser zu sehen,
manchmal die Stille aufzusuchen,
um besser zu hören,
manchmal die Leere zu ertragen,
um vielleicht einen Zipfel
des Mantels zu ertasten, der uns schützt,
um ein wenig zu begreifen.

EVA MARIA, Schülerin, 16 Jahre

Ziel der meditativen Stilleübungen
ist letztlich das Anhalten der herumhüpfenden Gedanken, die Beruhigung der immer suchenden Augen und des plappernden Mundes, der schnüffelnden Nase und der neugierigen Ohren und still werden, in sich hineinhören, beobachten und ganz anwesend sein im Körper und im Augenblick. Eine weitere Zen-Geschichte verdeutlicht, was mit Meditation und Aufmerksamkeit gemeint ist:

Ein Schüler kam zum Meister Eki, einem der großen Zen-Weisen in Japan des achten Jahrhunderts. Es goß in Strömen; es war in Kyoto, der

Tempelstadt Japans, in der es so oft regnet. Der Schüler hatte sieben Jahre lang meditiert, jetzt durfte er zum ersten Mal wieder zu seinem Meister. Er ging mit seinem Regenschirm. Er trat ein in die kleine Klause des Meisters, begrüßte ihn, verneigte sich, und der Meister fragte: »Wo hast du deinen Regenschirm gelassen?« Der Schüler war verdattert. Er hatte sich ein tiefgehendes Gespräch über Gott und die Welt und seinen weiteren geistigen Weg versprochen. Der Meister stieß nach: »Wo liegt dein Regenschirm? Hast du ihn links oder rechts von der Tür gelassen? Zeigt er mit der Spitze nach innen, nach außen oder quer oder schräg?«

Der Schüler wußte das nicht. Darauf der Meister: »Geh hin und meditiere weitere sieben Jahre – und wenn du dann wieder zu mir kommst, wirst du es wissen.«

»Handfeste« Meditationsübungen

Der Weg in die Stille ist am Anfang leichter, wenn der Übende etwas »Handfestes« hat, worauf er seine Aufmerksamkeit richten kann. Während bei Erwachsenen das Verweilen in der Stille den Schwerpunkt bildet, muß für Kinder und Jugendliche die Hinführung, Anleitung während der Meditation und der anschließende Austausch sorgsam vorbereitet und bedacht sein.

Der Pädagoge Hubert Wisskirchen zählt meditative Unterrichtsabschnitte zu den Grundsätzen seines Modells »Neue Schule«. Er möchte den Schülern (Übungs-) Wege aufzeigen, auf die sie in ihrem weiteren Leben auch und gerade nach ihrer Schulzeit zurückgreifen können. Er betont, daß Meditation bereits dort beginnt, wo der Mensch Stille und Konzentration auf sich einwirken läßt, ihrer gewahr wird und Freude daran empfindet. Ihm geht es darum, die Sinne zu gebrauchen und zu schauen, wo es scheinbar gar nichts zu sehen gibt, und zu horchen, wenn alles ruhig ist ...

Wie schon in den anderen Kapiteln oftmals angeklungen ist, geht es auch jetzt darum, etwas ganz bewußt in den Mittelpunkt zu rücken, sich auf den Weg zur Mitte zu machen und die Mitte zu spüren. Natürlich kann von der Schule nicht erwartet werden, daß die Kinder und Jugendlichen bereits hier zur »Lebensmitte« finden, das ist eine Lebensaufgabe.

Wohl aber können wir durch meditative Lebensformen zur altersgemäßen Innenweltvertiefung anregen und einen Beitrag leisten gegen die seelische Verarmung unserer Zeiten.

Die Schüler sitzen im Kreis und richten ihre Aufmerksamkeit auf ihre Mitte, bzw. den dortigen Gegenstand. Gerade naturale Gegenstände bieten sich an, in die Mitte gestellt zu werden. (Kerze, Muschel, Baumrinde, Stein, Blume oder Blatt, Früchte, Brot, Wasser, Feder, Samenkorn ...) Das Objekt bekommt eine ganz neue Gewichtung und vermittelt so etwas von der Fülle und Schönheit der Schöpfung, und vielleicht auch etwas von dem Geheimnis, das in uns lebendig ist.

Gegenständliche Meditation kann fließend in die nicht gegenständliche Meditation übergehen. In der Betrachtung eines Gegenstandes geht es ja gerade um seine nicht materielle, nicht greifbare Bedeutung.

Der Gegenstand wird transzendiert, auf etwas Höheres, über sich selbst Hinausweisendes übertragen. Besonders deutlich wird dies bei religiösen Symbolen (Kreis, Mandala, Kreuz).

Das eigentliche Ziel gegenständlicher Meditation ist es, Gott zu erfahren und sich selbst dabei erneuert zu erleben. Gott selbst kann aber nie Gegenstand sein. Er ist unverfügbar.

Der Ablauf einer Meditation könnte etwa wie folgt aussehen:

- Bilden eines Sitzkreises (am besten auf dem Boden als Kissenkreis)
- warten, bis alle einen guten Sitz gefunden haben
- für eine gute Atmosphäre sorgen (z.B. durch ein Duftlämpchen, meditative Musik, Kerzenlicht)
- wenn nötig eine vorbereitende kleine Stille-Übung (Atemübung, Summen, Energiekreis, Entspannungswort o.ä.) anbieten
- den gewählten Gegenstand in die Mitte stellen
- hilfreiche Impulse geben bzw. Fragen stellen, um die Wahrnehmung der Kinder auf die Mitte hin auszurichten
- kurze Stillezeiten lassen
- behutsames Beenden der Meditation (z.B. durch ein akustisches Signal)
- Angebote zur Verarbeitung der Eindrücke (siehe Kapitel »Kreative Verarbeitung«)

Der Natur auf der Spur

Jedes Kind erhält einen anderen (einfachen) Gegenstand aus der Natur (Ähre, Blatt, Stein ...) und betrachtet ihn. Nach einer kurzen Stille dürfen sie den Gegenstand befühlen, betasten, beriechen, evtl. wiegen ... und so mit allen Sinnen wahrnehmen. Nach einigen Minuten teilen sie ihre Beobachtungen ihren Mitschülern mit. An einem anderen Tag werden die Gegenstände getauscht.

Variante 1:
Die Kinder suchen sich in der Natur einen selbstgewählten Gegenstand, der zu ihren augenblicklichen Empfindungen paßt oder sie einfach anspricht. Sie verfahren wie oben und berichten, aus welchem Grund sie ihren Gegenstand gewählt haben und wie sich das Verhältnis zu ihm im Laufe der Betrachtung evtl. verändert oder intensiviert hat.

Variante 2:
Die Kinder suchen sich in der Natur einen Gegenstand mit einer Mitte (Baumscheibe, halbierter Apfel ...).

Sie betrachten ihren Gegenstand evtl. bei leiser Musik im Hintergrund und richten ihre Aufmerksamkeit immer wieder oder immer mehr zum Mittelpunkt.

Sie prägen sich das Bild genau ein. Nach kurzer Zeit werden die Erfahrungen mitgeteilt oder das eingeprägte Bild gemalt.

Vertiefungsmöglichkeiten

Bei einigen Gegenständen bietet es sich an, diese nicht nur in die Mitte des Kreises oder vor sich zu stellen, sondern sie z. B. auf die eigene Mitte, d. h. auf den Bauch zu legen.

Die Meditationsübung verläuft im Prinzip wie oben beschrieben.

Jeder Teilnehmer hat seinen Meditationsgegenstand vor sich. Er nimmt ihn wahr mit allen seinen Sinnen, tastend, riechend, evtl. schmeckend ... und betrachtet ihn ganz ausführlich und intensiv. Er verinnerlicht ihn mehr und mehr.

Er versucht, innerlich selber dieser Gegenstand zu werden und zu sein. Dafür kann eine Haltungsveränderung hilfreich sein:

z. B.: indem er sich in die Rückenlage begibt, seine Arme und Beine weit von sich ausbreitet mit dem Gefühl, so leicht zu werden wie die Feder oder sich vom Wind tragen zu lassen wie das Blatt ... Den entsprechenden Gegenstand legt er dabei auf seine Mitte (auch »Hara« genannt) unterhalb des Nabels – um ganz eins zu werden mit ihm;

oder: indem er in das zusammengerollte Blatt (siehe Kapitel: Körperarbeit) geht, und seinen Gegenstand unter sich behütet oder begräbt und z. B. selber rund und klein wird wie ein Stein;

oder: indem er im aufrechten Sitz die Hände zu Schalen ineinander legt und den Gegenstand hält.

Kerzenmeditation
Der genaue Ablauf richtet sich nach Alter und Vorerfahrungen der Gruppe. Die folgenden Vorschläge können, aber müssen nicht alle bei ein und derselben Meditationsübung eingebracht werden. Vielleicht kommen Ihnen auch noch weitere Ideen ...
- äußerliche Beschreibung (Größe, Form, Material ...)
- Anzünden der Kerze
- Weitergabe des Kerzenlichtes im Kreis
- Kerze in die Mitte stellen und wirken lassen
- Fragen als Impulse einwerfen (feste Kerze, schmelzendes Wachs, brennender Docht, Flamme, Bewegung der Flamme, Geruch, Wirkung, Wärme ...)
- Augen schließen und Kerze innerlich sehen üben
- in der Stille auf aufsteigende Assoziationen und Gefühle achten
- Kerze im Kreis herumgeben und dazu frei äußern, was an Assoziationen da ist, evtl. hilfreich ist eine Metapher: z. B.: »Licht bedeutet für mich ...«, »Licht und Schatten sind für mich ...«
- Gesichter der Mitschüler im Kerzenlicht betrachten
- Kerze bewußt auslöschen
- ausgelöschte Kerze betrachten
- Bild zum Thema Licht malen/Gedicht schreiben/Gebet formulieren

Eine Rose

Hinführung: Jeder Teilnehmer erhält eine Rose. Langsam und ruhig wird folgender Text vorgetragen.

Nimm die Rose in die Hand, werde still.
Betrachte nur sie. Sonst nichts.
Nichts soll dich ablenken.
Keine Geräusche, keine anderen Menschen,
keine anderen Gedanken.
Alles, was dich stört, atme aus.
Atme nur die Schönheit deiner Rose ein.
Ertaste sie mit deinen Fingern,
den Stiel, die Blätter, die Dornen.
Mach dir ihre Schärfe bewußt,
sie sind verletzend – wie du oft selbst verletzt.
Ertaste die Blüte
mit Vorsicht und Zärtlichkeit.
Umfasse sie mit deinem Blick.
Neige dich ihr zu,
wie du dich einem Menschen zuneigst.

Sie ist ein Symbol für den Menschen,
diese Rose, verletzend und zärtlich,
scharfkantig und voller Ausstrahlung.
Du und deine Rose, ihr seid ein Zeichen
für Zuwendung und Liebe.
Werde still, werde eins mit deiner Rose.

Und nach einer Weile der Stille:
Wenn du diese Rose weitergibst,
dann gibst du ein Stück von dir,
du verschenkst von dir und deiner Liebe.
Dieses Zeichen ist größer als viele Worte.

Dieses Zeichen ist überzeugender als viele Reden.
Dieses Zeichen kann Brücken
zum anderen Menschen bauen
und Lebensmittel sein für unsere Liebe.
Wenn du willst, dann gib sie weiter, deine Rose.
Gib sie einem Menschen, den du magst,
gib sie einem, den du noch nie getroffen hast.
Setze Zeichen von Zuneigung und Liebe in diese Welt,
gegen Kälte und Kummer.

aus: M. FRIGGER: Frühschicht – Spätschicht, Freiburg ³1990, S. 130f

Ein Stein als Meditationspartner

Der Stein ist seit jeher ein konzentriertes Symbol für die Anwesenheit Gottes. Für C. G. Jung äußert sich sein Wesen im reinen So-sein.

Steine mit ihrem Ewigkeitscharakter können uns Menschen in unseren Tiefenschichten ansprechen. Die Japaner errichteten nicht umsonst Steingärten zum Meditieren.

(ausformulierte Anleitung)
Nimm eine bequeme Sitzhaltung ein ...
   Wenn es dir möglich ist, schließe die Augen ...
   Spüre eine Zeit lang, in welcher Verfassung du gerade im Moment bist ... körperlich ... gefühlsmäßig ...
   Werde dir bewußt, welche Gedanken dich noch beschäftigen, während du da sitzt ...
   Richte dann deine Aufmerksamkeit auf deinen Atem ... ohne ihn zu verändern ... schau seinem Kommen und Gehen zu ...
   Wenn du ein wenig ruhig geworden bist, dann öffne deine Hände zu Schalen ...
   Stell dich darauf ein, einen Stein in deine Hände gelegt zu bekommen .
   Sieh dir deinen Stein mit geschlossenen Augen an – fühlend und innerlich sehend ...

Erfahre dabei die Eigenschaften deines Steines ...
(Gewicht – Größe – Härte – Oberflächenbeschaffenheit – Kälte bzw. Wärme – seine Eigenheiten ...)
Nimm Kontakt auf mit deinem Stein ...
und frag ihn jetzt ganz neugierig, was er dir erzählen möchte ...
Laß deinen Stein zu dir sprechen ...
Verabschiede dich dann von deinem Stein ...
und öffne die Augen ...

Weitere Möglichkeiten:
– Stein aufmerksam anschauen und dann erst Augen schließen ... Bild des Steines innerlich entstehen lassen ... immer wieder abwechselndes Schauen und Er-innern ...
– Das unbewegliche einfache Da-sein und So-sein des Steins nachvollziehen ... »Sitzen wie ein Stein«
– Anschließen einer biblischen Phantasiereise zu:
Der Stein, den die Bauleute verworfen haben, ist zum Eckstein geworden« Mt 21, 42
Steinkreis, Eph 2,20 - 22
»Fels, dem das Lebenswasser entquillt«, 1 Kor 10,4
Jakobs Traum auf dem Schlafstein, der zum Denkstein/Altar wurde, Gen 28,10

Gott schläft im Stein,
träumt in der Blume,
atmet im Tier
und erwacht
im Menschen.
ALTES INDISCHES SPRICHWORT

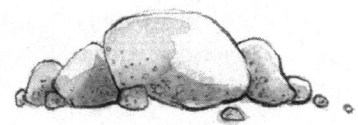

Wenn du das unbezwingliche Bedürfnis hast,
alles zu sein,
nur nicht du selber,
wenn deine Gedanken
genauso durcheinander laufen
wie die Meinungen des Tages,
wenn du nicht mehr sagen kannst,
was oben und unten,
was richtig und falsch ist,
wer kritisch und wer zynisch ist,
wenn dich die Hast überfällt,
dann suche dir so etwas wie einen Stern,
und wenn dein Stern von Wolken verdeckt ist,
suche dir etwas Festes auf der Erde,
beispielsweise einen Stern aus Stein
im Park vor deiner Haustür.
Steine haben ruhige Gedanken.
Sie leben länger.
Mache deine jagenden Fragen eine Weile
an deinem Stein fest,
damit sie sich beruhigen und klären.
Dann kann es sein, daß du begreifst,
wie töricht es ist, einen Glauben aufzugeben,
nur weil sich vorübergehende Zweifel melden,
und wie gedankenlos, sich von einem Menschen
abzuwenden,
nur weil die flüchtigen Gefühle vorübergehend
auf andere gerichtet sind.
Warte, und du wirst sehen:
der alte Glaube ist immer noch richtig,
und Treue ist nicht Torheit.

RAINER ESTERHUES

Mit Händen beten

In vielen Religionen werden zum Beten die Hände gefaltet oder aneinander gelegt. Neben dem äußeren Zeichen hat diese Symbolhaltung auch innere Wirkung. Der Betende sammelt sich. Während er sonst gerade mit seinen Händen seine Energie nach außen abgibt, handelnd in der Welt wirkt, schließt er beim Beten ganz bewußt seinen eigenen Energiekreis, um ganz bei sich zu sein (und nicht außer sich).

Sensibilisierende Vorübungen

1. Die Übung des Energieballs:
Aufrecht stehend, Füße beckenbreit auseinander, den Blick in die Weite gerichtet, werden die Hände im Bereich des Magens und in mäßigem Abstand so gehalten, als ob sie einen Ball umfaßten.

2. Die Haltung der Bitte:
Aufrecht stehend hängen die Arme locker an den Seiten herunter. Zunächst die folgende Haltung geistig vorstellen: Arme geöffnet zum Himmel erhoben. Dann mit einer Einatmung die Arme seitwärts heben und öffnen, bis sie ein »V« bilden. Handflächen und Finger sind in der rechten Spannung geöffnet. Der Kopf ist leicht nach rückwärts geneigt. Mit den Fingerspitzen, den Handflächen und dem Gesicht die Energie des Himmels aufnehmen. Lauschen – empfangen – und aufnehmen.

3. Reinigung durch Händeklatschen:
Im Fersensitz die Hände in Gebetshaltung zur Brust nehmen. Die Arme nach vorn ausstrecken und die Hände voneinander lösen. Die Arme weit lösen und zweimal in die Hände klatschen. In die Ausgangsstellung zurückkehren.

4. In einer der Sitzhaltungen die Hände auf die Schenkel legen, die Handflächen sind himmelwärts geöffnet. Mit der Einatmung die Fingerspitzen von Daumen und Zeigefinger aneinander legen und bei der Ausatmung wieder lösen. Diese Bewegung mehrere Male wiederholen und dabei innerlich aufmerksam spüren.

5. *Wir beten:*
Der Leiter öffnet seine Hände zu einer Schale: »Gott, unsere Hände, unsere Herzen sind offen. Komm zu uns! Mach unsere Herzen froh! Laß unsere Hände Gutes tun!«

- Die Kinder wiederholen die Gestik und sprechen einige Gedanken aus oder wiederholen die Bitte.

Die Hände werden nach oben gehalten: »Gott, du bist groß. Unser Herz ist voller Freude. Wir loben dich. Wir preisen dich. Wir danken dir.«

- Die Kinder übernehmen die Geste. Wer in dieser Haltung Gott etwas sagen mag, kann es tun.

Die Hände werden gefaltet: »Gott, ich will jetzt nicht arbeiten. Ich will jetzt nichts tun. Ich will jetzt ganz bei mir sein und ganz bei dir sein. Ich will nur an dich denken. Ich will ganz still sein, denn du bist sehr leise. Vielleicht kann ich hören, was du mir sagen willst.«

- Die Kinder greifen – wer will – die Gebärde auf. Sie sprechen: »Gott, ich will still sein, dann kann ich dich besser hören.«

Mit der Hand wird die Stirn, der Mund, das Herz berührt. (Ist das Kreuzzeichen noch nicht eingeführt, ist hier eine gute Gelegenheit!) »Gott, gib mir gute Gedanken. Gib mir gute Worte. Gib mir ein gutes Herz!«

- Die Kinder wiederholen Gestik und Worte.

Menschen geben sich im Gotteshaus die Hand: »Wir gehören zusammen. Wir sind die Freunde Gottes. (Wir sind das Volk Gottes.) Gott soll in unserer Mitte sein. Er soll in unserem Herzen wohnen.«

- Die Kinder werden aufgefordert, sich zu verbinden. Sie beten: »Der Friede Gottes sei mit uns. Gottes Freude sei unter uns. Gottes Liebe sein in uns!«

(Dieser Vorschlag ist mit kleinen Abwandlungen der Zeitschrift »Religionspädagogische Praxis«; 16. Jg. Landshut 1991, S. 11 f. entnommen.)

Die Selbstmassage der Hände
(als Vorbereitung für eine Meditation)

Ziel dieser Massage ist es, die Hände zu wärmen, ihre Energie zu spüren und ihre Empfindsamkeit zu verfeinern.

1. Die Hände über dem Kopf zusammenlegen und gegeneinander reiben

2. Sie dann bis vor die Brust herabsinken lassen, dabei stets weiterreiben; dies mit gespreizten Fingern fortsetzen.

3. Mit der Innenseite der linken Hand den rechten Handrücken reiben, und dann umwechseln.

4. Sie dann wie beim Händewaschen reiben. Fortsetzen, bis die Reibung ein Wärmegefühl hervorbringt.

5. Ein Handgelenk fest umfassen und es im Griff der haltenden Hand herumdrehen lassen.

6. Bei Bedarf eine der Bewegungen wiederholen und dann abschließen

Die folgenden Bewegungen werden in China praktiziert, um die Vitalität der Hände zu erhöhen.

7. Mehrere Male die beiden Querverbindungen zwischen Daumen und Zeigefinger

leicht zusammenstoßen, eine gegen die andere. Anschließend die weiteren Querverbindungen zwischen den anderen Fingern zusammenklopfen, dann zurückgehen.

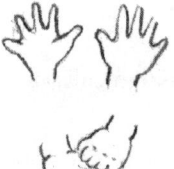

8. Die Finger spreizen und die Verbindungsflächen sich gegenseitig stoßen lassen.

9. Mit der rechten Faust in die linke Handfläche schlagen und umgekehrt.

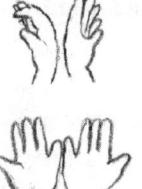

10. Die Handgelenke mit ihrer Innenseite leicht aneinander stoßen.

11. Dann mit ihrer Rückseite, abwechselnd rechte Hand auf die linke, dann linke Hand auf die rechte klopfen.

12. Die Speichenränder aneinander schlagen lassen.

13. Ebenso die Ränder der Ellen.

14. Mit dem Druck des Daumens die Handinnenfläche massieren – zunächst den drei Hauptlinien folgend. Danach mit kreisenden Bewegungen von außen nach innen in die Mitte kommend massieren.

15. Das Hauptgewebe der Querverbindungen zwischen sämtlichen Fingern bearbeiten. An diesen Stellen sammeln sich viele Spannungen.

16. Mit Daumen und Zeigefinger die Handrückenseite kräftig drücken, beginnend an der Basis des Fingers. Am Schluß den Finger kreisen lassen und dehnen.

17. Mit Daumen und Zeigefinger die Handrückenseite kräftig drücken, ausgehend vom Handgelenk bis zur Fingerspitze. Ganz besonders in den Flächen zwischen den Mittelhandknochen arbeiten. Längere Zeit auf den Punkt drücken, der zwischen den beiden ersten Mittelhandknochen liegt.

18. Jeden der zehn Finger mit der geschlossenen anderen Hand korkenzieherartig drehen.

Die Anregung ist aufgegriffen aus: Pascale Brun, in: BDY-Information 1/91, S. 29

Allgemeine Vorbedingungen für ein gutes Üben, auf die der Übungsleiter achten sollte:

- Alle Dinge (Uhr, Armband ...) entfernen, die für die Handbewegung hinderlich sind.
- Beim Arbeiten die Symmetrie beachten; die Unterschiede der beiden Hände bewußt machen.
- Mit dem Ausatmen die Schultern, das Gesicht und alle angespannten Bereiche loslassen.
- Während der Übungen in die Weite blicken, so bleibt der Kopf aufrecht.
- Es kommt nicht auf eine besondere Leistung (Weite der Dehnung) an, sondern auf die Ausdauer der Haltung.

- Die Übungen können sowohl im aufrechten Stand als auch im Knien oder Sitzen ausgeführt werden.
- Nach der Übung aufmerksam in den Körper (die Hände) spüren und auf Veränderungen achten.
- Nach einer Dehnung die Hände ausschütteln, um eventuelle Spannungen zu mildern.
- Am Schluß der Übungszeit mit den Händen über das Gesicht (wenn nötig, über den ganzen Körper) streichen. Das begünstigt und reguliert den Umlauf der Energie.

Gebet der Töpfer aus Taizé

Herr, mache mich zu einer Schale
offen zum Nehmen,
offen zum Geben,
offen zum Geschenktwerden,
offen zum Gestohlenwerden.

Herr, mache mich zu einer Schale für Dich,
aus der Du etwas nimmst,
in die Du etwas hineinlegen kannst.

Wirst Du bei mir etwas finden,
was Du nehmen könntest?
Bin ich wertvoll genug, so daß Du
in mich etwas hineinlegen wirst?

Herr, mache mich zu einer Schale
für meine Mitmenschen,
offen für die Liebe, für das Schöne,
das sie verschenken wollen,
offen für ihre Sorgen und Nöte,
offen für ihre traurigen Augen

und ängstlichen Blicke,
die von mir etwas fordern.

Herr, mache mich zu einer Schale.

Meditationsübung
Nach einer kurzen Vorübung (siehe Kapitel »Wiederentdeckung der Sinne«), bei der wir uns ganz bewußt mit unseren Händen beschäftigt und uns ihnen liebevoll hingegeben haben, fühlen sich diese jetzt wärmer an, sind gut durchblutet und lockerer und entspannter.

- Nimm einen bequemen Meditationssitz ein und schließ dann deine Augen.
  Wenn alle Kinder ihren Sitz gefunden haben und Ruhe eingekehrt ist, werden sie an einige wichtige Punkte erinnert, die für das Zentrieren und aufrechte Sitzen von Bedeutung sind.
  Der Schwerpunkt liegt jedoch auf der Haltung der Hände. Der Übergang zur Meditation ist fließend.
- Leg deine Hände mit der Innenseite auf den Oberschenkel ab. Spüre ganz aufmerksam in deine Hände hinein ... in den Kontakt der Handflächen auf den Oberschenkeln ...
- Dann dreh ganz langsam die Hände, so daß die Handflächen nach oben geöffnet sind ... und forme die Hände zu Schalen ...
- Deine Hände liegen geöffnet und ganz entspannt auf den Oberschenkeln ... Achte darauf, wie sich deine Hände jetzt anfühlen ... Spürst du einen Unterschied? ...
- Deine Hände zeigen, daß du ganz geöffnet bist ...
- In deine Hände kann jetzt etwas gelegt werden ... Stell dir vor, ein Freund legt dir eine wunderschön schimmernde, kostbare Seifenblase in deine geöffneten Hände ...
- Spür, wie sich deine Handflächen dabei anfühlen ... Nimm wahr, welche Gedanken und Gefühle dir kommen ...
- Die Seifenblase fliegt nun weiter ... aber deine Hände bleiben ganz

weit ... entspannt ... geöffnet ... bereit zum Annehmen und Empfangen ...
- Ich werde alltäglich von den Eltern, Freunden und Mitschülern beschenkt ... durch Worte ... Zeichen und Berührungen ...
- Laß dir Zeit, wahrzunehmen, welche Gedanken in dir spontan auftauchen ...
- Stille

In diese Stille hinein, in der die Kinder im richtigen Verhältnis von Spannung und Entspannung ganz aufmerksam anwesend sind, kann jetzt ein Gebet formuliert werden. Bei jüngeren Kindern spricht der Leiter das Gebet, später können die Kinder aber auch spontan und frei formulieren. Auf diese Weise wird ein kreatives Beten, das aus dem Inneren kommt, gefördert, ein Beten mit Leib und Seele.

Das Gebet könnte etwa wie folgt lauten:

Guter Gott,
ich spüre, daß ich jetzt ganz offen bin für dich . – Meine Hände sind geöffnet, leg du mir Mut und Vertrauen hinein. Dann kann ich mit meinen Händen viel Gutes tun. Ich kann jemandem meine Hände geben, dann sind wir verbunden und nicht mehr allein (die Gruppe faße sich an den Händen). Wir wissen, auch du nimmst uns bei der Hand.

Hände

Hände
sind wie Schalen, die empfangen.
Hände
sind wie ein Haus, das Geborgenheit gibt.
Hände
sind wie ein Schiff, das Lasten trägt.
Hände
sind wie ein Mantel, der wärmt.

Hände
sind wie Balsam, wenn sie heilen.
Hände
sind wie Anker, die retten.
Hände
sind wie Brot, wenn sie Gutes tun.
Hände
sind wie Burgen, die beschützen.
Hände
sind wie eine Schatztruhe, die Kostbarkeiten bewahrt.
Hände
sind wie Sterne, die Wege weisen.
Hände
sind wie Brücken, wenn sie zur Versöhnung gereicht werden.
Hände
sind wie Rosen, wenn sie schenken.
Hände
sind wie eine Quelle, wenn sie segnen.
Hände
sind wie ein Fels, wenn sie sich zum Schwur erheben.
Hände
sind wie ein Blitz, wenn sie falsch schwören.
Hände
sind wie eine Keule, wenn sie schlagen.
Hände
sind wie Donner, wenn sie drohen.

MARIE HILDEBERTA SCHNEIDER; *aus: M. Frigger, Frühschicht – Spätschicht; Freiburg ³1990, S. 150*

Gebete

*Beten ist der Ausdruck
der unendlichen Sehnsucht
des endlichen Wesens
nach seinem unendlichen Ursprung.*

*Gott,
ich komme, um bei dir still zu werden.
Ein Teil von mir sitzt hier und betet,
ein anderer Teil plant für den morgigen Tag.
Beten macht mir Mühe.
Stille halten fällt mir schwer.
Gott, hier bin ich.
Nimm mir meine Unruhe.
Ich atme deine Stille in mich ein.*

Der letzte Satz bietet sich als Vertiefung an. Dann wird er während der Stille wiederholt und durch evtl. Impulse erweitert, z.B.
- mit Hilfe der Vorstellungskraft mit jedem Atemzug Stille in sich aufnehmen und verströmen lassen
- den Atem als Geschenk erleben,
  der als Geschenk Gottes immer wieder kommt und geht und wieder kommt
- mit jedem Atemzug ein (Kraft-) Wort innerlich wiederholen

*Bitte
Gott, laß mich aufatmen und auftanken
mit ganzem Leib und ganzer Seele.
Du bist das Leben in mir und um mich herum.
Laß mich dich spüren.*

Am Abend
Gott, jetzt habe ich Zeit.
Der Tag ist fast vorbei.
Es ist still. Ich freue mich an der Stille.
Ich gehe mit meinen Gedanken den Tag noch einmal durch.
Am frühen Morgen bin ich aufgewacht ...
(Erinnere dich an die ersten Momente, Gedanken, Eindrücke nach dem Aufwachen.)

Ich bin aufgestanden ... habe mich gewaschen ...
und dann gefrühstückt.
(Erinnere dich daran, was du gegessen hast und wie es geschmeckt hat. Woran hast du während des Essens gedacht?
Was hast du gesprochen?)

Ich bin zur Schule/zum Kindergarten gegangen ...
(Versetze dich noch einmal in Gespräche, Situationen, Ärger, Freude und andere Gefühle.)

Ich erinnere mich an den Mittag und Nachmittag ...
(Gespräche, Pflichten, Hausaufgaben, Freizeit ...)

Wenn ich zurückdenke, was vom Tag geblieben ist, war mir ... besonders wichtig.
Ändern möchte ich morgen ...

Gott.
Ich atme und spüre: ich lebe.
Dir möchte ich mich anvertrauen,
so wie ich bin.
Danke für den Tag.
Amen.

Mit Leib und Seele beten

1. Gott. Hier stehe ich.
   Ich werde ruhig und spüre meinen Atem.
   Durch ihn ahne ich, du bist in mir und ich bin in dir.

2. Ich strecke mich weit aus und freue mich, daß ich leben darf, hier und jetzt (heute morgen ...)

3. In Ehrfurcht und Dankbarkeit verbeuge ich mich vor dir.

4. Ich stehe in den Startlöchern zu neuen Taten (zu einem neuen Tag, zu ...).

5. Mit beiden Beinen spüre ich meine Kraft dafür.

6. Ich darf leben, spielen und arbeiten und weiß, daß deine Erde mich trägt.

7. Ich möchte, daß es ein guter Tag wird.

8. Laß mich eine Brücke bauen von Mensch zu Mensch.

9. Laß mich aber auch ruhig werden und an dich denken.

10. Laß alle meine Kräfte brennen wie Flammen.

11. Segne du mich, Gott.

12. Gott, ich bin da!

Meditationsworte

Um das Abschweifen der Gedanken während einer Stillezeit zu verhindern, bieten sich begleitende Worte hilfreich an. Sie werden lautlos – in Gedanken – gesprochen und ohne über sie nachzudenken immer wieder wiederholt. Dafür eigenen sich besonders die Worte, die gleichzeitig als Gebet verstanden werden können. Wichtig ist, daß sich die Worte nach dem Atem richten und nicht umgekehrt. Der Atem soll kommen und gehen wie er will.

Eventuell kann es am Anfang auch leichter sein, gar nicht auf den Atem zu achten und das Wort einfach zu wiederholen. Im Laufe der Zeit wird es sich automatisch an den Atemrhythmus anpassen.

Folgende Worte und Bibelworte sind als Anregung gedacht:

»Ja« – »Ich bin« – »Ich ruhe in dir« – »Friede« – »Der Herr ist mein Hirte, nichts wird mir fehlen.«

Beten heißt nicht, sich selbst reden hören.
Beten heißt, still werden und stille sein
und harren, bis der Betende Gott hört.

KARLFRIED GRAF DÜRCKHEIM

Und so heißt es von dem großen Sucher Sören Kierkegaard:

Als sein Gebet immer andächtiger wurde, da hatte er immer weniger und weniger zu sagen. Zuletzt wurde er ganz still. Ja, was vielleicht ein noch größerer Gegensatz zum Reden ist, er wurde ein Hörer. Er meinte erst, Beten sei reden. Er lernte aber, daß Beten nicht bloß Schweigen ist, sondern Hören.

In der Meditation halte ich mich für Gott bereit.

Durch das Beiseitestellen der eigenen Gedanken, Wünsche, Gefühle, Bedürfnisse usw. öffnen wir uns in der Stille dem Wirken Gottes.

Stillwerden und Staunen
Nimm eine aufrechte Sitzhaltung ein ... Spür dich ein in deinem Sitz ... den Kontaktstellen, die du zum Boden (Bänkchen, Kissen oder Stuhl) hast und die dich tragen ... Nimm deinen ganzen Körper in dieser Haltung wahr ... und laß alle Spannungen los, die du im Moment nicht brauchst (z.B. im Gesicht, in der Stirn, im Unterkiefer, in den Händen und im Bauch) ... Dann richte deine Aufmerksamkeit auf deinen Atem ... Beobachte ihn ... ohne einzugreifen oder ihn zu verändern ... Verfolge ganz achtsam das Kommen und Gehen des Atems ... immer wieder neu ... Kommen Gedanken, die dich von der Atemachtsamkeit abhalten, sieh sie dir kurz an, werde dir ihrer bewußt, und laß sie dann los ... Stell dir vor, daß sie weiterziehen wie Wolken am Himmel ... Richte deine Aufmerksamkeit zurück zum Atem, der kommt ... und geht ...

Tauchen neue Gedanken auf, halte ein und werde dir bewußt, daß du denkst ... Du kannst die erstaunliche Entdeckung machen, daß das Denken eine Zeit lang aufhört ... und du ganz im Augenblick anwesend bist ... Übe dich in dieser Konzentration mit viel Geduld.

Stille ist für mich ...

STILLE ist für mich eine Notwendigkeit,
um ganz Mensch sein zu können.
STILLE ist für mich wie ein Schwamm,
der alles, was an der Oberfläche haftet,
nach innen saugt, es verinnerlicht
und mir zueigen macht.
STILLE ist für mich wie ein Tank,
in dem sich Kraft sammelt und
aus dem ich dann wieder schöpfen kann:
Kraft, Ausgewogenheit, neue Gedanken.
STILLE ist für mich wie eine Quelle,
die mir den Lebensstrom Gottes zuleitet.

STILLE ist für mich ein Raum,
in dem ich mich der Gegenwart Gottes aussetze,
in dem ich lausche und sensibel werde.
STILLE ist für mich ein Sammelpunkt,
an dem die Bruchstücke des Alltags in ein
Gesamtbild eingebaut werden.
STILLE ist für mich der Kreuzpunkt
zwischen der horizontalen und der vertikalen
Komponente in meinem Leben.
STILLE ist für mich der Kompaß,
der meiner Sehnsucht die Richtung weist.

Stille ist für dich ... ?

Zeit der Stille –
wie du mir wertvoll geworden bist!

Wertvoll wie eine kostbare Perle,
für die ich so vieles gerne eintausche:
das Ausschlafen am Morgen, laute Musik,
oberflächliches Gerede.

Zeit der Stille –
durch dich fühle ich neu
den Pulsschlag meines Lebens,
den Rhythmus meines Werdens,
die Wahrheit meines Seins.

Zeit der Stille –
ich vertraue dir an
meine Freude und mein Glück,
meine Tränen und den Schmerz,
die Ganzheit meiner Person.

Zeit der Stille –
von dir erhoffe ich
Ausdauer im Marsch durch die Wüste,
Dankbarkeit in den Sternstunden des Alltags,
Aufblühen in allem Vergehn.

LUITGARD EGE

Nächtliche Meditation

Wenn die Aktivität so gesteigert wird, daß die Kunst der Stille verloren ging, – was können wir dann noch erwarten?
Wo lernen wir, gedankenvoll zu sein? In der Stille.
    Und wo üben wir uns in Geduld? In der Stille. Die Stille, die wir in der Meditation üben, ist noch etwas Besonderes. Auf jeden Fall bedeutet Stillesein, daß wir jedes Wort und alles, was wir tun, reiflich überlegen sollten; das ist die erste Lektion, die gelernt werden muß. Geht es um einen meditativen Menschen, so hat er gelernt, dieses Stillesein auf natürliche Weise im täglichen Leben anzuwenden. Wer das Stillesein im täglichen

Leben erlernte, hat schon gelernt zu meditieren.

Wenn jemand täglich eine halbe Stunde der Meditation vorbehält, dann aber zwölf oder fünfzehn Stunden aktiv ist, nimmt die Aktivität die ganze Kraft der Meditation weg. Darum müssen beide Dinge miteinander verbunden werden.

Jemand, der die Kunst der Stille lernen möchte, muß sich, soviel Arbeit er auch haben mag, entscheiden, die Absicht des Stilleseins in seinem Gemüt festzuhalten. Wenn man das nicht beachtet, wird man nicht die ganze Wohltat der Meditation ernten können. Es ist wie bei jemandem, der einmal in der Woche zur Kirche geht und an den übrigen sechs Tagen den Gedanken an die Kirche so weit wie möglich von sich schiebt.

Ein sehr frommer persischer König wurde von seinem Premierminister gefragt: »Ihr verbringt den größten Teil der Nacht in Meditation, und den ganzen Tag über arbeitet ihr. Wie ist das möglich?« Der Shah erwiderte: Während der Nacht verfolge ich Gott, während des Tages verfolgt Gott mich.«

Dasselbe gilt für die Stille: »Wer Stille sucht, zu dem kommt die Stille. So ist es mit allem, was wir uns wünschen; wenn wir nur stark genug danach trachten, kommt es schließlich von selbst.«

aus: Hazrat Inayat Khan: Das Lied in allen Dingen. Sufi-Erzählungen und Gleichnisse vom Glück der Harmonie, Freiburg 1985, S. 130f.

Weiterführende Literatur zum Thema »Meditation«

Boden, L. M.: Meditation und pädagogische Praxis, Kösel Verlag, München 1978.

Brunner, Reinhard: Hörst du die Stille? Meditative Übungen mit Kindern, Kösel Verlag, München 1991.

Harnisch, G.: Meditieren mit Phantasie. Anleitung zum Tag-Traum-Reisen, Herder Verlag, Freiburg 1987.

Mello, Anthony de: Mit allen Sinnen meditieren. Anstöße und Übungen, Herder Verlag, Freiburg 1997.

Michaelle: Beten mit Körper, Seele und Geist, Matthias Grünewald Verlag, Mainz 1979.

Rozman, Deborah: Meditation für Kinder, Bauer Verlag, Freiburg 1991.

Vopel, Klaus: Ausflüge im Lotussitz. Aus der Reihe: Kinder ohne Streß, Iskopress Verlag, Hamburg ²1991.

Wild, Peter / Henrici, Peter: Meditationskurs in 4 Bänden.

Entdeckung der Stille,

Entdeckung der Liebe,

Entdeckung Gottes,

Entdeckung Jesu,

Kösel Verlag, München 1992/93.

Wild, Peter: Jesus kam als Gleichnis. Übungen zu einer neuen Weise des Meditierens, Walter Verlag, Olten und Freiburg 1991.

Statt eines Schlußwortes

In einem fernen Orte lebte ein alter weiser Mann. Er war beliebt im ganzen Lande, und wann immer einer seiner Mitmenschen Sorgen hatte, ging er zu ihm, um Rat zu holen. Dies wiederum machte einige seiner Mitbürger neidisch, die selbst gern für klug und weise gehalten worden wären. Sie beschlossen, dem alten Mann eine Falle zu stellen:

Man wollte ein winziges Mäuslein fangen, es dem alten Mann in der geschlossenen Hand präsentieren und ihn fragen, was sich in der Hand befinde. Sollte der alte Mann wider Erwarten die Frage richtig beantworten, so würde er mit Sicherheit an einer weiteren Frage scheitern, nämlich der, ob es sich bei dem Mäuschen um ein lebendes oder um ein totes handele.

Würde er nämlich sagen, es handele sich um ein lebendes, so könne man die Hand zudrücken, und das Mäuschen sei tot. Würde er hingegen sagen, es handele sich um ein totes Mäuschen, so könne man die Hand öffnen und das Mäuschen herumlaufen lassen.

So vorbereitet, erschien man vor dem alten weisen Mann und fragte ihn, wie beabsichtigt. Nach wenigem Überlegen antwortete der alte weise Mann auf die erste Frage:

»Das, was ihr in der Hand haltet, kann nur ein ganz winziges Mäuslein sein.«

»Nun gut«, sagten die Neidischen, »da magst du recht haben, aber handelt es sich um ein lebendes oder um ein totes Mäuslein?«

Der alte weise Mann wiegte seinen Kopf eine Weile hin und her, schaute seinen Mitbürgern dann in die Augen und sagte: »Ob das, was ihr in der Hand habt, lebt oder tot ist, das liegt allein in eurer Hand.«